학교 도서관에서 온 작품 읽기

학교 도서관에서 온 작품 읽기

송은영(현 공주신월초등학교 사서교사)
박동연(현 부여초등학교 사서교사)
김주연(현 부여규암초등학교 사서교사)
유지수(현 아산북수초등학교 사서교사)

차 례

1장
온 작품 읽기

'온 작품 읽기'란?

요즘 아이들이 책 읽기가 어려운 이유

스마트폰을 비롯한 각종 전자 매체의 발달과 보급으로 요즘 학생들이 책에서 점점 멀어지고 있다. 영상 플랫폼이 유행하면서 영상 매체에만 익숙해지다 보니, 책이나 신문처럼 활자로 된 정보를 이해하는 데 어려움을 겪는 것이다. 실제로 EBS의 〈당신의 문해력〉이라는 프로그램에서, 학생들에게 실생활에서 마주칠 법한 몇 가지의 지문을 제시하고 문제 상황을 해결하게 했다. 그런데 전문 용어가 있거나 처음 접하는 내용이 아닌데도 학생들이 글의 내용과 맥락을 이해하지 못했다. 학생들이 글을 멀리하는 현상이 실생활에서도 문제를 일으킨다는 말이다.

그렇다면 어째서 책을 멀리하고 유튜브에 빠져들까? 이는 책과 유튜브라는 매체의 특성을 살펴보면 알 수 있다. 유튜브와 같은 영상 매체는 시각과 청각을 모두 자극하므로 내용을 쉽게 이해할 수 있다. 영상을 보기만 해도 내용이 머릿속에 들어오는 것이다.

그러나 책과 같은 인쇄 매체는 대부분 활자로 이루어져 있어서, 보는 것이 아니라 읽어야 한다는 차이가 있다. 글을 읽는 행위는 먼저 글에 담긴 내용을 이해해야 한다. 글의 내용을 이해하려면 독자는 장면을 시각적으로 상상하기도 하고, 자신의 삶과 비교하기도 해야 한다. 또한 활자를 읽으려면 집중력이 필요하다. 이처럼 내용을 이해하기 위해서 노력을 기울여야 하므로, 학생들은 노력하지 않고도 쉽게 받아들일 수 있는 영상 정보에 매력을 느끼는 것이다.

독서가 중요한 진짜 이유

그렇다면 영상 매체가 인쇄 매체를 완전히 대체할 수 있을까? 이 질문에 쉽게 답할 수 있는 사람은 많지 않을 것이다. 그만큼 각 매체의 장·단점이 크기 때문이다. 영상 매체가 매력적인데도 지금껏 인쇄 매체가 살아남은 이유를 살펴보자.

인쇄 매체는 시·청각을 모두 자극하는 다른 매체에 비해 이해하기 위한 노력과 시간을 들여야 한다는 단점이 있다. 하지만 이러한 단점을 이겨내고 잘만 활용하면 무엇보다 큰 장점을 누릴 수 있다. 바로 문해력과 사고력이다.

예를 들어, 목수가 설계도 없이 고객의 설명만 듣고 집을 지을 수 있을까? 보통 어려운 일이 아닐 것이다. 설계도를 보면 집을 짓기 위한 정보가 시각적으로 정확히 전달된다. 그러나 고객의 설명은 그 의중이 모호하다. 그리고 목수가 상상력을 발휘하여 집의 모습을 그려야 한다. 그렇다면 목수는 이 문제를 어떻게 해결해야 할까? 우선 고객의 설명을 잘 이해했는지 구체적으로 질문할 수 있다. 또한 자신이 지금까지 지었던 집과 비교하여 고객이 원하는 집의 모습을 상상해본다. 한편 고객의 설명대로 집을 지었을 때 생기는 문제점 등을 지적하여 새로운 집을 계획할 수도 있다. 이처럼 고객의 설명과 자신의 상상 및 생각을 연결하여 좋은 집을 지을 수 있을 것이다. 이런 과정을 독서에도 그대로 적용할 수 있다.

책을 읽는다는 것은 그 내용을 이해한다는 뜻이다. 하지만 활자로 된 책을 이해하기란 쉽지 않다. 책을 이해하려면 제대로 내용을 읽었는지 확인하기 위해 질문을 던지거나 배경 지식을 활용하기도 한다. 게다가 책의 내용을 비판적으로 살펴보고 자신의 생각과 비교하는 경우도 있다. 그러므로 책을 읽는다는 것은 곧 생각하고 고민한다는 뜻이다. 다양한 수준의 독서에 도전하며 책을 읽는 독자는 자연스럽게 사고력과 상상력, 즉 문해력을 기를 수 있다.

책은 인류의 역사가 만든 지성의 결정체다. 즉, 궁금한 것이 있다면 대체로 책에서 그 답을 찾을 수 있다. 다양한 현자와 지식인이 지식과 생각을 책에 남겨두었기 때문에, 어찌 보면 더 이상 만날 수 없는 사람과 대화를 나누는 유일한 방법이라고도 할 수 있겠다. 책은 활자로 정보를 전달하므로, 독자의 문해력이 충분하다면 지식을 얻는 데는 가장 효율적인 방법이다. 직접 체험하거나 동영상을 보는 것과는 달리, 읽고 이해하면 된다. 어떤 면에서는 정보를 취하기 위한 가장 간단한 방법이라고도 할 수 있다. 이러한 장점으로 인해 인쇄 매체는 21세기 정보 시대에서도 살아남은 것이다.

'온 작품 읽기'는 그래서 필요하다

'온 작품 읽기'란 학생들에게 올바른 독서 경험을 제공하는 학교 현장의 교육 수단이다. 책을 좋아하는 학생에게는 다양한 독서 방법을 제시하고, 내용을 받아들이는 데서 끝나지 않고 자신의 생각과 비교하며 비판적으로 읽도록 지도한다. 반대로 책을 어려워하고 멀리하는 학생이라면 교사의 지도에 따라 책 한 권을 끝까지 읽어내는 경험을 할 수 있다. 모든 학생이 책을 포기하지 않고 끝까지 읽어서 책의 지식을 온전히 습득하고 궁극적으로는 문해력을 높이게끔 지도하는 것이 '온 작품 읽기'의 진정한 의의다.

초등학생을 위한 '온 작품 읽기'

'온 작품 읽기'는 언제 시작해야 할까?

초등학교 6년은 앞으로의 인생을 좌우하는 많은 것이 형성되는 시기다. 이때 학생들은 다양한 수준의 책을 접하는데, 책과 글을 멀리하고 어려워하는 사람으로 성장할지, 풍부한 문해력을 바탕으로 독서를 즐기는 평생 독자가 될지는 이 시기에 어떤 독서 경험을 하느냐에 달려 있다.

저학년 학생들은 활자가 적은 그림책을 주로 읽고 대체로 독서를 즐긴다. 책의 내용이 많지 않고 주제가 명확해서 가볍게 읽을 수 있기 때문이다. 그래서 대부분의 저학년 학생들이 학교 도서관과 독서를 좋아한다. 하지만 고학년으로 갈수록 내용이 어려워지고 활자가 많아지므로 독서를 포기하는 학생이 늘어난다. 책은 어렵고 괴로운 것이라는 편견에 사로잡혀 있을 때, 이때가 바로 교사의 적절한 독서 지도, 즉 '온 작품 읽기' 교육이 필요한 시점이다.

초등학교에서 '온 작품 읽기'를 해야 하는 이유

'온 작품 읽기'는 초등학생 때 독서를 포기하는 학생들에게 내릴 수 있는 가장 좋은 처방이다. 교사의 지도 아래 학급 친구들과 함께 한 권의 책을 온전히 읽어내는 경험을 통해 학생들은 독서에 자신감을 얻고 책을 읽는 즐거움을 느끼게 된다. 또한 스스로 책을 골라서 읽고 그에 따른 독서 후 활동을 하면서, 학생들은 독서라는 행동이 막연히 아무 책이나 읽는 것이 아니라 독서 전·중·후의 단계를 거쳐 책의 내용과 주제를 온전히 자신의 것으로 만드는 과정임을 직접 경험하여 깨닫는다.

교사는 학생들에게 올바른 독서 습관과 태도를 갖추게끔 도와줄 책임이 있다. '온 작품 읽기'를 통해 학생들은 책과 글을 읽는 것이 마냥 어렵고 지루한 일이 아니라 도전해볼 만한 가치가 있음을 알게 되고, 성인이 되어서도 독서를 즐기는 평생 독자로 성장하게 될 것이다.

'온 작품 읽기'를 위한
학교 도서관의 역할

학교 도서관에서 하는 '온 작품 읽기'

학교 도서관에서 학생들이 던지는 가장 흔하고도 반가운 질문이 "선생님, 이 책 도서관에 있나요?"라는 것이다. 원하는 책을 손에 들고 보물이라도 얻은 듯이 활짝 웃는 아이들의 모습에서 학교 도서관의 희망을 발견한다.

그중에서도 '온 작품 읽기'를 경험한 아이들은 조금 더 깊이 있는 독자가 된다. 작가의 이름을 기억하고 그 작가가 쓴 다른 책으로 독서의 영역을 확장하는 아이들은 독서 세계가 견고하다. 이런 아이들을 위해 학교 도서관은 독서 활동을 지원하는 역할을 할 수도 있다.

학교 도서관에서 사서교사는 독서 단원을 직접 맡아 독서 교육을 하기도 하고, '온 작품 읽기'의 자료를 지원하기도 한다. 이것은 학교나 상황에 따라 달라질 수 있다. 특히 사서교사가 중심이 되어 '온 작품 읽기' 프로그램을 주도하면 수업뿐만 아니라 학교 공동체 차원에서 프로그램을 운영할 수 있다. 원화 전시회나 작가와의 만남을 통한 온 작품 읽기가 그 대표적 예다.

사서교사가 독서 단원을 직접 맡아 학년별로 진도를 나가면 통일되게 교육을 실시할 수 있어서 좋다. 학년별로 두세 학급만 있는 학교라면 사서교사가 전담 교사처럼 수업을 진행하기도 한다. 사서교사가 '온 작품 읽기'에 다양한 요소를 접목하여 수업을 실시하여 학생들이 도서관이라는 매력적인 장소에서 몰입 독서를 경험한다면 앞으로 학생들의 독서 생활에 중요한 영향을 미칠 것이다. 독서 전문가와의 수업을 통해 문해력이 증진되고, 책을 좋아하는 아이로 성장한다.

미디어 리터러시가 강조되는 시대에 미디어를 잘 활용하는 것도 중요하지만, 독서는 머릿속으로 이미지를 상상하여 그려내는 능력을 키워주므로 독서하는 습관이 자리 잡으면 크게 도움이 될 것이다. 아이들을 미디어와 텍스트를 조화롭게 활용하고 생산해내는 크리에이터로 키우는 것이 이 시대 사서교사의 사명인 셈이다.

다양한 '온 작품 읽기' 방법

규모가 큰 학교에서는 사서교사가 독서 단원을 전담하여 수업을 진행하기가 부담스러울 것이다. 대신, 학년마다 '온 책 읽기' 도서를 선정하는 데 도움을 주고 자료를 제공할 수 있다. '온 작품 읽기'를 담당하는 담임교사와 적극적으로 소통하면서 독서 교육과 관련된 아이디어를 제공할 수 있다.

　원화 전시회와 연계하면 학교 차원에서 '온 작품 읽기'를 운영할 수 있다. 해마다 2월에 출판사나 책 씨앗에서 제공하는 무료 원화 전시 프로그램을 신청하면 1년간의 전시 프로그램을 확정할 수 있다. 신간 도서를 구입할 때 충분히 구입해두고 학급별로 1권씩 제공하면(그림책 원화이기 때문에 담임교사가 읽어줄 수도 있다) 훌륭한 '온 작품 읽기' 프로그램을 운영할 수 있다. 한편 원화 전시회를 통해 책 놀이 활동을 매달 운영하여 학생들이 자율적으로 참여하게 한다면 독서에 대한 흥미는 더욱 높아질 것이다.

　또 '온 작품 읽기'의 작가를 학교로 초빙하여 작가와의 만남이나 북 콘서트를 열 수도 있다. 이것은 독서를 하기 전에 동기를 유발하는 좋은 방법이다. 책을 쓴 작가와 직접 대화를 나누고 서명을 받을 수 있다고 안내하면, 처음에는 관심 없던 아이들도 눈을 빛내며 흥미를 가진다. '온 작품 읽기'로 수업을 진행한 후 다양한 독서 후 활동을 펼치고, 공연과 낭독회, 질의응답 등 작가와 직접 소통하면 그 작품을 더욱 깊이 있게 이해할 수 있다. 아이들이 작가와 직접 소통하는 기회를 가지면 더없이 좋은 경험이 된다.

　'온 작품 읽기'와 학교 도서관은 책에 흥미를 잃은 아이들이 다시금 책으로 눈을 돌리게끔 할 수 있다. 내실 있고 의미 있는 '온 작품 읽기'가 운영되어 학교 독서 교육의 중심으로 설 수 있기를 바란다.

'온 작품 읽기'
도서 선정 방법

양말 고르듯 책 고르기

아침이 되면 씻고 식사를 한 뒤, 출근하기 위해 그날의 날씨와 기분에 맞는 옷을 고른다. 옷을 입고 신발을 신고 문을 나서는데, 양말이 짝짝이다! 집을 나서기 전에 발견하면 다행이지만, 학교에 가서 발견하면 하루 종일 신경 쓰이며 불편한 느낌과 싸워야 한다. 그러니 어울리는 양말을 제대로 신어야 하루가 별 탈 없이 흘러간다.

'온 작품 읽기'에서 적절한 도서 선택이야말로 그날의 양말을 잘 찾아 신는 것과 같다. 양말을 골라 신는 것은 별것 아니라고 생각하기 쉽지만 은근히 신경 쓰이는 일이다. 그날의 옷차림과 외출의 목적과 어울리는 양말을 골라야 하루를 쾌적하게 보낼 수 있기 때문이다. 겨울에는 따뜻한 기모 양말을, 여름에는 시원한 발목 양말을,

이유 없이 꿀꿀한 날에는 예쁘고 개성 있는 색깔 양말을 신듯이 말이다.

'온 작품 읽기'의 도서를 선정하는 과정은 다음과 같다. 먼저 수업의 목적을 세우고 목적을 달성하기 위한 주제를 선정한다. 주제는 교육 과정과 연계해도 좋고, 수업하는 교사의 교육 목적에 따라 골라도 좋다. 정보화 시대인 만큼 주제에 따른 도서 목록은 인터넷 검색창에 입력만 해도 차고 넘친다. 도서를 몇 권 추리고 난 후, 학년과 학급의 특성을 고려하여 최종적으로 책을 선정한다. 이렇게 하면 같은 주제의 책을 자연스럽게 섭렵할 수 있기 때문에 아이들의 수준에 따라 여러 가지 도서를 제공할 수 있다. 뿐만 아니라 주제에 대한 배경 지식을 바탕으로 수업을 계획할 때 의미 있는 활동을 할 수도 있다.

대상 도서를 선정하고 그에 따른 활동을 조직하는 것도 좋은 방법이다. 교사가 도서를 선정하는 것도 좋지만, 학생들이 직접 읽을 책을 선택하면 자발적으로 독서하게 된다. 학급의 특성과 분위기를 고려하여 학생들의 수준과 흥미에 맞고 교육 과정과 연계할 수 있는 도서를 선택하는 것이 '온 작품 읽기'의 교육적 목표를 달성하는 첫걸음이 된다.

두꺼운 책에 대한 편견 없애기

'양말'을 머릿속으로 떠올려보라. 크리스마스트리에 걸린 빨간색 양말처럼 정형화된 이미지로 머릿속에 그려질 것이다. 양말은 엄지장갑처럼 발가락을 한데 꽁꽁 감싸는 것인 줄로만 알다가, 발가락 양말을 처음 보면 신선한 충격을 받을 것이다. 그러면 발가락 양말이 왜 필요한지 그 쓰임을 설명해주고 다양한 디자인의 양말이 있음을 알게 된다. 누가 처음 이런 양말을 만들었는지, 어떻게 양말을 만드는지, 어떤 소재가 효과적인지 직접 조사해보고 직접 발가락 양말을 신어보면 발가락 양말에 대한 편견이 사라질 것이다.

책을 고르는 것도 다르지 않다. 갑자기 고학년이 되면 학생들에게 무작정 책을 읽으라며 과제를 부여하곤 한다. 아이들은 그림책과 만화책을 읽으며 읽기의 기쁨을 경험하다가 갑자기 두껍고 어려운 책을 접하게 된다. 책의 두께도 부담스럽고 온통 글자뿐인 책을 좋아할 만한 아이는 도서관 단골손님 몇 명뿐이다.

그러므로 아이들이 관심을 가지는 주제로 흥미를 끌고 그와 관련된 경험을 발표하며 내용을 더 깊이 이해하는 태도를 길러줄 만한 도서를 선택해야 한다. 초등학교 고학년생들은 자신의 삶과 맞닿아 있는 책에 관심이 많다. 5학년, 6학년, 12살, 13살 등 자신과 관련된 학년이나 나이가 제목으로 쓰인 책은 고학년생들의 대출률이 높은 것이 이를 보여준다. 왕따, 사이버 폭력 등 대인관계에 관한 책이나 사랑, 낭만과 관련한 책도 흥미를 불러일으킨다. 소설과 같은 문학 주제의 책뿐만 아니라 사회, 경제, 정치 분야의 자신에게 도움이 되는 사실적인 정보를 담은 책도 아이들에게 훌륭한 독서 자료다.

도서 선택만큼이나 중요한 것은 교사가 왜 이 책으로 수업을 하는지 아이들의 시선에서 납득할 수 있도록 다리 역할을 해주는 것이다. 그냥 읽는 책은 흥미로 읽는 것이지만, 이유를 깨닫고 읽는 책은 생각하는 힘을 길러준다.

읽을 책 정하기

· **학생 스스로 선정한다**

- 자신의 수준과 목적에 맞는 책을 스스로 선정하도록 한다.
- 교사는 조력자 역할을 한다.

· **교사가 학생의 특성이나 학생들에게 필요한 주제 등을 고려하여 선정한다**

참고 사항*	고려해야 할 사항
관심 있는 주제, 그동안 읽은 책 목록, 학생이 흥미로워하는 분야, 선생님이 권하는 책	책의 길이, 주제, 문장의 난이도, 구조, 선행 지식, 장르 친숙성, 경험 연관성, 흥미 연계

★ 교육부, 초등학교 국어 5-1 교사용 지도서, ㈜미래엔, 2019.

'온 작품 읽기'에는
어떤 책이 좋을까?

　동료 선생님들이 학교 도서관에 찾아와 자주 하는 질문 중 하나는 "온 작품 읽기를 하려는데 어떤 책이 좋을까요?" 하는 것이다. 학교 도서관에 장서가 충분하다면 학년 수준과 주제를 고려하여 책을 추천하기도 하지만, 학급에서 새로 책을 구입하는 경우에는 여러 기준을 고려하여 추천 도서 목록을 제공하기도 한다. 학교에 사서교사가 배치되어 있다면 사서교사가 참고할 만한 도서를 제공할 것이다. 하지만 학교 도서관에 장서가 충분하지 않고 사서교사도 없다면 '온 작품 읽기'의 첫 단계인 책 선정부터 막막하다. '온 작품 읽기'의 첫 단추를 잘 채울 수 있도록 책을 고르는 다섯 가지 방법을 제시한다.

　첫 번째, 어린이책을 많이 내는 출판사의 책을 살펴본다. 어린이 책을 많이 출판하는 출판사는 홈페이지에 수업 자료로 활용할 만한 다양한 자료가 실려 있다. 북트레일러, 작가 인터뷰 영상 등을 제공하기도 하며, 원화 전시 또는 작가와의 만남 이벤트 등도 진행한다. 그리고 '온 작품 읽기'에 활용할 수 있는 간단한 독서 후 활동지를 제공하기도 한다. 출판사의 다양한 자료는 '온 작품 읽기'를 시작할 때 든든한 지원군이 된다.

두 번째, 글자만 있는 책보다는 삽화가 들어 있는 책을 추천한다. 1~2학년 때 그림책만 읽던 학생들은 3학년이 되면서 글자만 있는 책을 읽어야 한다는 것에 부담을 느낀다. 다채로운 삽화는 학생들의 상상력을 자극하며, 호흡이 긴 책의 내용을 이해하는 데도 도움이 된다. 글과 그림이 잘 어울리는지, 적절한 위치에 배치되어 있는지 확인할 필요도 있다.

세 번째, 학생들의 독서 수준을 파악하지 못했다면 단편 동화집을 선택한다. 학생들마다 책 읽는 속도가 다르면 같은 책을 읽고 독서 후 활동을 진행하기가 어렵다. 단편 동화집을 '온 작품 읽기' 도서로 선정하면 책 읽는 속도가 느린 학생들도 동화 한 편은 읽을 수 있고, 책 읽는 속도가 빠른 학생이라면 여러 편의 동화를 읽기 때문에 수업 시간에 지루해하지 않을 것이다.

네 번째, 추천 도서 목록을 활용한다. 인터넷에 검색하면 추천 도서 목록이 수없이 많다. 추천 도서 목록을 제공하는 기관의 권위와 신뢰도를 고려했을 때 참고하기 좋은 것은 '국립어린이청소년도서관 사서 추천 도서'다. 이는 도서관의 사서들이 6개월 이내에 발행된 신작 도서 중에서 어린이, 청소년의 발달 단계를 고려하여 매달 선정하는 것이다. 책 소개 글도 작성되어 있어서 참고하기 좋다.

그 밖에 '한국출판문화산업진흥원 추천 도서', '책으로 따뜻한 세상 만드는 교사들 공식 추천 도서', '학교도서관저널' 등도 참고할 만하다.

마지막으로, 교육청의 통합전자도서관에서 책을 선정한다. 2020년부터 원격 수업이 확대 운영되면서 각 교육청에서 통합전자도서관을 운영하고 있다. 학생들도 쉽게 가입하여 이용할 수 있기 때문에, 학교 도서관의 장서가 충분하지 않다면 전자도서관에서 책을 선택하여 '온 작품 읽기'를 운영할 수 있다.

이와 같은 기준을 고려하여 인터넷 서점, 전자도서관 등을 살펴보면 학생들과 함께 읽고 싶은 책이 눈에 띌 것이다. '온 작품 읽기' 도서가 꼭 동화책이거나 종이책일 필요는 없다. 무엇보다 학생들과 함께 읽고 싶은 책을 고르는 것이 가장 좋다. 학생들의 상황과 취향을 가장 잘 이해하는 사람은 교사이기 때문이다.

'온 작품 읽기' 지도 방법

학교 도서관의 상황에 따라 독서 방법을 바꿔라

책을 싫어하는 학생들에게 독서를 지도하는 것만큼 어려운 일도 없다. 그러므로 단순히 글자만 읽게 할 것이 아니라, 동기를 유발하고 독서 방법을 활용하여 학생들이 즐겁게 책을 읽을 수 있도록 지도해야 할 것이다.

먼저 학교에 '온 작품 읽기'용 도서가 준비되어 있는지에 따라 읽기 방법이 달라질 수 있다. 한 학급이 모두 같은 책을 읽을 수도 있고, 모둠별로 같은 책을 읽거나 개인별로 책을 선택하여 읽을 수도 있다.

학교 도서관이나 학급 문고에 같은 책이 30권 이상 구비되어 있다면 한 학급이 같은 책으로 '온 작품 읽기'를 진행할 수 있다. 이 경

학교 도서관에서 온 작품 읽기

우 교사는 한 권의 내용과 주제를 파악하고 책의 흐름에 따라 수업을 계획하면 된다. 같은 책을 읽으면 그 책에 대해 학급 전체가 의견을 나눌 수 있어서 책 내용이나 주제에 대해 깊게 이해할 수 있다는 장점이 있다.

같은 책이 4~5권가량 구비되어 있다면 모둠별로 독서를 진행한다. 모둠별 독서를 진행하려면, 비슷한 주제나 키워드를 가진 책을 선정하여 학생들에게 제시해야 한다. 독서 후에는 각 모둠마다 다른 책을 읽었기 때문에, 관통하는 주제를 한 가지 선정하여 생각을 나누는 학급 독서 토론·토의를 진행할 수도 있다. 이 경우, 모둠별로 주제에 대해 다양하게 접근하므로 여러 의견을 들을 수 있다. 또한 모둠별로 줄거리나 서평을 정리하고, 책 표지 꾸미기 등의 활동을 합쳐서 다른 모둠에 책을 소개할 수도 있다.

한편, 학생들이 스스로 책을 선정하여 읽을 수 있다. 단체로 같은 책을 읽을 때는 모든 학생의 수준과 흥미에 맞춰주기가 어렵지만, 학생 스스로 읽을 책을 선정한다면 자신의 수준과 흥미에 맞춰 고를 수 있기 때문에 흥미를 느끼기가 쉽다. 다만 자율적으로 책을 고르는 경우 그림책, 만화책 등 너무 쉽거나 독서 후 활동이 어려운 책을 선택할 수도 있다. 그래서 책을 고를 때 지켜야 하는 원칙을 세워야 한다. 또한 학생들이 할 수 있는 독서 후 활동을 준비하여, 책의 내용과 자신의 생각을 비교할 수 있게끔 주인공에게 편지 쓰기, 줄거리 없는 독후감 등의 글쓰기 활동을 진행할 수 있다.

학생들의 독서 의욕을 높여라

학생들의 독서 의욕과 흥미를 높이는 것도 매우 중요하다. 주로 활용하는 방법으로 북 토크가 있는데, 교사가 책을 미리 읽고 간단히 줄거리를 정리해서 학생들에게 전달하는 것이다. 그런데 내용을 전부 알려주지 않고 학생들의 궁금증과 흥미가 가장 높아진 순간 이야기를 끊어서, 아이들이 책을 읽지 않고는 견딜 수 없게 만드는 것이 핵심이다. 혹은 학생들이 실생활에서 겪는 일을 함께 이야기한 뒤 각자 책을 소개하는 것도 좋다. 학생들이 책을 읽기 전에 책의 주인공과 미리 라포를 형성하면 친근하게 느끼고 책 속 인물과 자신을 비교하며 읽게 된다.

노력하는 사람은 즐기는 사람을 이길 수 없듯이, 학생들이 즐기며 책을 읽도록 지도해야 한다. 책과 활자는 어렵고 지루하다는 편견을 깨고 독서를 향한 첫발을 떼게 하면, 알아서 책을 찾아 읽는 평생 독자가 될 것이다.

책을 끝까지 읽게 하라

본격적으로 읽기에 앞서서, 학생들의 수준에 따라 읽기 방법을 달리할 수도 있다. 먼저 집중력이 떨어지는 학생들을 위한 방법으로 '몰입 독서'가 있다. 몰입이란 깊이 파고들거나 빠진다는 뜻으로, 심리학에서는 무언가에 흠뻑 빠져 심취해 있는 무아지경의 상태를 의미한다. 이처럼 학생들이 아무것도 신경 쓰지 않고 독서에 완전히 집중해 읽는 활동이 바로 '몰입 독서'다. 길지 않은 시간(25분 정도)을 정해두고 그 시간에는 장난이나 움직임, 질문도 없이 오직 책만 읽는다. 읽어야 할 쪽수를 정할 수도 있다. 정해진 시간 동안, 혹은 정해진 쪽수만큼은 책에만 온전히 노력을 쏟는 것이다. 이는 집중력이 부족해 금방 독서에 질리거나 딴짓하는 학생들이 올바른 독서 태도를 익힐 수 있도록 돕는다.

한 문단씩 소리 내어 읽는 방법도 효과적이다. 눈으로만 읽는 것을 어려워하는 학생들은 소리 내어 읽거나 학급 친구들의 목소리를 들으며 읽으면 내용을 쉽게 이해할 수 있다. 한 문장은 너무 짧아서 집중력이 흐트러질 수 있고 한 장은 너무 길어 흐름이 처질 수 있기 때문에, 한 문단씩 끊어 읽기를 추천한다.

책을 멀리하고 어려워하는 학생들이 책을 즐기게 되면 축복과 같은 일이다. 위에서 소개한 방법이 아니더라도 각 현장과 상황에 맞는 방법을 찾길 바란다. 이처럼 다양한 방법을 통해 학생들에게 독서의 즐거움을 알려주고 학생들이 독서를 생활화하게끔 가르치는 것이 교사의 바른 자세일 것이다.

'온 작품 읽기'를 위한
북 큐레이션

누구나 '온 작품 읽기'를 할 수 있을까?

모든 아이들이 도서를 끝까지 읽을 수 있다면 얼마나 좋을까? 하지만 초등학교 고학년이라고 해도 한 학급당 많게는 5~7명, 적게는 1~2명의 학생은 독서 부진아다. 현장에서 아이들을 지도하면서, 이런 현상은 학년이 올라갈수록 더 심해진다는 사실을 알게 되었다. 왜 학년이 올라갈수록 텍스트 읽기를 더 어려워할까? 그 원인은 다양하겠지만, 학년이 올라갈수록 미디어에 더 많이 노출되기 때문일 것이다.

학교에서 방과 후 수업을 기다리며 시간을 보내는 학생들을 관찰해보면, 대부분 스마트폰으로 게임을 하거나 동영상을 보는 등 스마트폰을 만지며 시간을 보낸다. 책을 읽으며 대기하는 학생은 손가락으로 꼽히는데, 그나마 만화책인 경우가 많다. 현재 학생들의 독서 생활이 어떠한지 극명하게 보여주는 단면이다.

독서 부진은 교사의 도움으로 개선되기도 하지만 그렇지 않은 경우도 있기 때문에 꼭 모든 학생이 끝까지 읽는 것을 목표로 삼지 않아도 된다. 학생들의 독서 수준이나 흥미가 다양하므로, 교사가 한 가지 주제를 다루는 다양한 수준의 도서를 북 큐레이션하면 학생들이 자신의 수준에 맞는 도서를 스스로 선택해서 읽을 것이다. 이러한 방법은 독서 수준이 높고 빨리 읽는 학생에게도 도움이 된다. 관련 주제의 도서를 다양하게 읽어서 그 분야에 대한 지식을 넓힐 기회가 되기 때문이다.

실제 북 큐레이션 사례

북 큐레이션 이전에 독서 전 활동으로 아이들이 책을 빨리 읽고 싶어 하게끔 다양한 흥밋거리를 제공해야 한다. 다니엘 페낙의《소설처럼》에서 제시한 방법으로 묘사가 뛰어난 책의 앞부분을 통째로 읽어줄 수도 있고, 책의 주제와 특징에 맞게 독서 전 활동을 하면 책을 대하는 아이들의 태도가 달라진다. 평소에 책을 좋아하지 않는 학생들도 깊이 빠져들 만큼 독서 전 활동은 효과가 좋다.

다양한 아이들의 독서 수준에 대비해서 북 큐레이션 도서도 다양하게 구비할 필요가 있다. 비문학 도서, 문학 도서, 그림책, 잡지 등 다양한 읽기 자료를 제시하는 것이다. 전시 도서 이외에도 도서관에서 직접 검색해서 자신만의 '온 작품 읽기'를 할 수도 있다. 따라서 도서관은 '온 작품 읽기'에 적합한 장소다.

《13일의 단톡방》을 온 작품 읽기 도서로 추천하는 이유

《13일의 단톡방》은 학교폭력 및 사이버 폭력이라는 주제를 다루는 만큼 학생들에게 큰 공감을 얻을 수 있는 책이다. 학생들은 책을 읽으며 자연스럽게 스스로가 주인공의 입장이 되어 내가 이런 따돌림과 사이버 폭력을 당한다면 어떨까, 혹은 나도 모르는 사이에 따돌림의 가해자가 되진 않았을까 생각해볼 수 있을 것이다.

책의 주인공인 민서는 크게 잘못한 일도 없이 갑작스럽게 반 단톡방에서 은따가 된다. 점점 심해지는 반 아이들의 사이버 폭력 및 따돌림에 민서는 이 상황이 단순히 넘어갈 일이 아니라는 생각을 하게 되고, '악질 해커' 루킹을 통해 사건의 전말을 찾아간다. 민서가 따돌림을 받게 된 이유는 대단한 것이 아니었다. 민서가 올린 프로필 사진을 보고 학생 한 명의 기분이 상했을 뿐이었다. 민서와 반 학생들은 사이버 폭력의 심각성을 깨닫고 바람직한 SNS 사용을 위해 노력하며 이야기는 끝난다.

우리 모두 민서가 될 수 있다

초등학교에서 일어나는 학교 폭력 중 가장 빈번한 것이 단연 '사이버폭력'이다. 신체적 폭력에 비해 가볍게 여기는 경향이 있지만, 사이버폭력의 당사자가 된 학생은 마음의 상처를 크게 입을 것이다. 사이버상에서 나타나는 모습이 어쩌면 가장 솔직한 민낯일지도 모르겠다. 직접 얼굴을 보지 않고 말하다 보니 상대방의 기분이나 입장은 배려하지도 않고, 자신이 내뱉은 말의 무게가 가볍게 느껴지는 것이다. 민서처럼 대수롭지 않은 이유로 누군가는 사이버상에서 고립되고 상처받는다.

　요즘 초등학생은 스마트폰과 함께 성장한 만큼 기기는 아주 잘 사용하지만, 그에 걸맞게 도덕적, 정신적으로 성숙하지 않아 사이버폭력의 문제가 많이 발생하는 것으로 보인다. 학생들이 스마트폰을 잘 사용하고 바람직하게 SNS 생활을 하려면 주인공 민서의 이야기를 읽으며 피해자의 아픔에 공감해야 한다. 또한 민서를 괴롭히는 주변 인물의 이야기를 읽고 스스로 누군가에게 상처를 준 적은 없었는지 반성할 필요도 있다.

　SNS상에서는 누구나 가해자 또는 피해자가 될 수 있다. 학생들이 스스로 가해자와 피해자 중 어디에 속하는지, 혹은 다른 친구의 피해 상황을 알면서 모른 척하며 방관하지는 않았는지 등을 생각하면서 성실히 독서 활동을 수행한다면 올바른 SNS 사용자로서의 태도와 가치관을 확립할 수 있을 것이다.

온 작품 읽기를 위한 독서 전 활동

- 2장 독서 전 활동, 3장 독서 중 활동, 4장 독서 후 활동은 《13일의 단톡방》 온 작품 읽기를 중심으로 다양한 활동을 전개하였다. 학급 상황이나 학생 구성, 시간적 여유에 따라 취사선택하여 온 작품 읽기에 다양하게 활용하면 도움이 될 것이다.

- 이 장에서는 본격적으로 독서하기 전에 해볼 수 있는 다양한 활동을 제시하였다.

- 학생들이 책을 읽기 전에 흥미를 느낄 수 있도록 다양한 자료와 활동지를 담았다.

어휘 퀴즈

1 ○○ 인터넷의 게시판 따위에 올라온 내용에 대해 악의적인 평가를 하여 쓴 댓글.

2 ○○ 사람과의 관계에서 지켜야 할 바른 도리.

3 ○○○○○ 말이나 행동을 불분명하게 대충 하다.

4 ○○ 이름을 숨김. 또는 숨긴 이름이나 그 대신 쓰는 이름.

5 ○(애플리케이션) 컴퓨터의 운영 체제에서 실행되는 모든 응용 소프트웨어.

6 ○○사냥

  1. 14~17세기에 유럽의 여러 나라와 교회가 이단자를 마녀로 판결하여 화형에 처하던 일.
  2. 특정 사람에게 죄를 뒤집어씌우는 것을 비유적으로 이르는 말.

7 ○○ 원수를 갚음.

8 ○○ 닭의 갈비라는 뜻으로, 그다지 큰 소용은 없으나 버리기에는 아까운 것을 이르는 말.

9 ○○○ 한 국가나 단체의 비밀이나 상황을 몰래 알아내어 경쟁 또는 대립 관계에 있는 국가나 단체에 제공하는 사람.

10 ○○폭력 말로써 온갖 음담패설을 늘어놓거나 욕설, 협박 따위를 하는 일.

11 ○○ 맡아서 해야 할 임무나 의무.

12 ○○○○ 동물, 식물, 세균 따위의 살아 있는 세포에 기생하고, 세포 안에서만 증식이 가능한 비세포성 생물. 핵산과 단백질을 주요 성분으로 하고, 세균 여과기에 걸리지 않으며, 병원체가 되기도 한다. 예) 코로나○○○○

13 ○○○○ 교묘한 말과 그럴듯한 행동으로 남의 비위를 맞추는 짓을 속되게 이르는 말.

14 ○○ 교묘한 말과 그럴듯한 행동으로 남의 비위를 맞추는 짓을 이르는 말.

15 ○○를 감추다 남이 모르게 어디로 가거나 숨다.

답

① 악플 ② 의리 ③ 얼버무리다 ④ 익명 ⑤ 앱 ⑥ 마녀 ⑦ 복수 ⑧ 계륵 ⑨ 스파이 ⑩ 언어 ⑪ 책임 ⑫ 바이러스 ⑬ 알랑방귀 ⑭ 아부 ⑮ 자취

1. 뻥 -

2. 갑툭튀 -

3. 인싸 -

4. 악플 -

5. 버카충 -

6. 셀카 -

　온 작품 읽기 수업을 하다 보면 아이들이 잘 모르는 단어가 생각보다 많았다. 그래서인지 책에 나오는 어려운 단어의 의미를 파악하지 못한 채 그냥 읽어가다가, 흐름을 끊고 사전을 찾아보는 식으로 책을 읽곤 했다. 그래서 독서 중 활동으로 계획했던 어휘 퀴즈를 독서 전 활동으로 바꾸었다. 본격적으로 독서하기 전에 어휘 퀴즈를 통해 단어의 뜻을 정확히 알려주고 독서를 시작하니 훨씬 몰입해서 책을 읽었다. 단어의 의미를 제대로 파악하고 읽었기 때문에 줄거리에 대한 이해나 의미 파악이 더 수월해진 것이다.

　단어는 쉬운 단어에서 어려운 단어의 순으로 퀴즈를 냈고, 조금 어려운 단어는 초성 힌트로 아이들이 스스로 맞히게끔 했다.

어휘 순화하기 활동은 아무 생각 없이 줄임말을 쓰거나 표준어를 사용하지 않게 해주었다. 직접 아이들이 순화한 단어를 칠판에 그대로 남겨두고 그 의미를 되새기는 데 도움이 되도록 했다. 아이들의 언어 생활이 더욱 아름다워지길 바라는 마음에서였다.

우리 주변의 학교폭력

《13일의 단톡방》을 읽기 전에 짧은 글과 영상을 준비했다. 학교
폭력은 나쁜 것이고 하면 안 된다는 것쯤은 누구나 알고 있다. 그럼
에도 학교폭력은 사라질 기미가 보이지 않으며, 오히려 사이버폭력
등 점차 범위를 넓혀가고 있다. 그러니 무작정 나쁜 짓이라고 가르
치는 것이 효과가 있는지 고민해봐야 한다.

작가가 책에서도 언급했듯, 학생들이 가장 집중한 이야기는 가해
자가 받을 수 있는 불이익에 대한 부분이었다. 피해자가 얼마나 고
통스러운지 무턱대고 공감하게 하는 방식은 도움이 되지 않는다.
그보다는 학교폭력이 어떻게 처리되는지, 관련 법안은 무엇이고,
가해자가 받을 불이익은 무엇인지 명확히 알려주어 학교폭력 행위
가 주홍글씨가 된다는 사실을 인식시켜야 한다.

그리고 학교폭력 논란으로 경력에 문제가 생긴 운동선수나 연예

인 등의 사례를 소개한다. 소년재판에서 호통 판사로 유명한 천종호 판사의 재판 동영상을 보여주는 것도 좋다. 학교폭력이 남의 일만이 아니며, 자신이 언제든 학교폭력을 행하고 그로 인해 벌을 받을 수 있다는 것을 인지하고 책을 읽는다면 더욱 많이 반성하고 성찰하게 할 것이다.

관련된 도서, 영상, 기사를 읽고 보고 느끼기

《13일의 단톡방》, 작가의 말	폭력을 주제로 아이들에게 강연을 한 적이 있습니다. 아이들이 가장 집중해서 들었던 이야기는 놀랍게도, 가해자가 받을 수 있는 불이익에 대한 부분이었습니다. 이 책을 읽는 모두가 10년 뒤에 떳떳하고 좋은 어린이이길 바랍니다.
KBS 다큐 〈위기의 아이들〉, 2회: 소년, 재판에 서다 -소년재판 이야기	한 해에 일어나는 청소년 범죄는 10만 건 가까이에 이른다. 학교폭력은 물론이고, 거리에서 친구들의 휴대폰을 빼앗거나 오토바이를 훔치는 것부터 칼을 들고 타인을 위협하는 강도상해에 이르기까지, '범죄소년'으로 불리는 청소년들의 범죄가 날로 심각해지고 있다. 최초로 공개하는 소년재판 과정을 통해 청소년들이 범죄의 길로 들어서는 원인과 청소년 범죄의 해결 방법을 세심하게 들여다보는 한편, 우리 청소년들이 다시 법정에 서지 않고 올바르게 설 수 있는 길을 함께 모색해본다.
EBS 다큐프라임 〈학교폭력〉 시리즈(총 6부)	주로 교실에서 많이 벌어지는 학교폭력. 그에 대한 예방책을 학교 밖이 아닌 교실 내에서 찾아보려는 EBS 특별 기획 프로그램
중앙일보 기사	https://news.joins.com/article/24095142 '학폭' 이재영·이다영 선수 등록 논란에…흥국생명 결단

퀴즈 풀기

학교폭력 사례를 여러 가지 소개하고 그중 무엇이 학교폭력에 해당되거나 되지 않는지 질문을 던져본다. 제각기 자신의 의견을 자유롭게 나누고, 학교폭력에 해당되거나 해당되지 않는 이유에 대해 이야기한다. 구체적인 사례를 가지고 이야기를 나누다 보면, 의도가 어찌 되었든 당한 사람이 불쾌감과 수치심, 상해 등 피해를 입으면 학교폭력이라는 결론에 도달하게 된다. 의견을 모두 나눈 후 주어진 사례가 모두 학교폭력에 해당된다는 것을 설명하면, 학교폭력에 대해 깊이 생각해보게 될 것이다.

⁇ 다음 중 학교폭력을 하지 않은 친구는 누구일까요?

학교폭력이라고 생각하는 이유와 그렇지 않다고 생각하는 이유에 대해 이야기해봅시다.

- 여러 사람에게 친구가 잘못한 내용에 대한 험담을 SNS로 퍼뜨린 A

- 여러 사람 앞에서 모욕적인 용어(생김새에 대한 놀림, 바보 등)를 지속적으로 말한 B

- 레벨 업하기 귀찮아서 친구에게 게임을 억지로 대신하게 한 C

- 나보다 저학년인 아이가 복도에서 뛰어다녀서 세워두고 뛰지 말라고 기합을 준 D

- 친구가 놀이터에서 놀고 있는 장면이 재미있어 보여 핸드폰 카메라로 찍고는 친구가 지우라고 했는데도 지우지 않는 E

- 손으로 밀쳐 친구에게 고통을 가한 F

- 강제로 집 앞 놀이터까지 데리고 간 G

- 친구에게 장난치려고 체육관에서 나오지 못하도록 문을 막은 H

- 친구에게 화가 나서 일부러 필기도구를 다 감춘 I

- 강제적으로 성적 모멸감을 느끼도록 신체적 접촉을 한 J

- 친구가 미워서 의도적이고 반복적으로 피한 K

- 다른 학생과 어울리지 못하도록 막은 L

- 카카오톡 등에 여러 사람을 초청하고 그중 한 명을 정해서 아무 말도 하지 않는 M

- 상대방이 싫어하는 말로 바보 취급을 하는 등 놀리고 면박을 준 N

A~E는 언어심리적 유형의 학교폭력이고,
F~J는 신체물리적 유형의 학교폭력에 속한다.
그리고 K~N은 따돌림에 속한다.

(학교폭력의 유형, http://www.safe182.go.kr 변형)

책 표지 보고 질문하기

책의 표지를 보고 주어진 질문에 답하면서 뒷이야기가 어떻게 될지 상상해본다.

《13일의 단톡방》

· 13일 동안 무슨 일이 있었을까요?
· 표지의 두 사람과 피라냐 떼는 무슨 의미일까요?
· 책 표지에 있는 아이의 표정을 보세요. 어떤 감정을 느꼈을 것 같나요?
· 단톡방 하면 떠오르는 단어가 있나요?
· 작가는 누구이고, 어떤 작품을 썼나요?
· 제목이 왜 '13일의 단톡방'일까요? 어떤 이야기가 벌어질지 상상해봅시다.
· 뒷모습을 보이는 사람은 누구이고, 무슨 일을 할까요?
· 책 표지에 나온 미디어 윤리는 무엇이고, 이야기와 어떤 연관이 있을까요?
· 표지의 색상은 무슨 색이고 어떤 느낌이 드는지 이야기해봅시다.

독서 전 활동으로 가장 효과적인 활동이 '책 표지 보고 질문하기'였다. 처음에는 대수롭지 않게 책표지를 보다가, 민서와 루킹이 깨진 스마트폰 위에 서 있다는 것과 누군지 모를 상대의 대화가 가득한 대화창을 알아보자 이 이야기에 호기심을 갖기 시작했다.

배경이 되는 보라색 배경은 마치 밤하늘 같지만, 자세히 보면 피라냐가 사는 아마존강 같기도 하다. 그리고 주인공인 민서와 루킹이 등을 댄 채 피라냐 떼에 몰린 듯한 구도는 '어벤저스'의 주인공이 외계인과의 일전을 앞두고 서로의 등을 지켜주겠다며 맞선 비장함을 떠올리게 한다. 표지의 그림만으로도 루킹과 민서가 같은 편이고 서로의 등을 지켜주는 관계라는 것을 깨닫자, 아이들은 이미 이 이야기에 빠져들기 시작했다.

독서 전 활동 TIP!

책과 관련된 이야기가 오고 가면 아이들은 책이 궁금해져서 얼른 책을 읽고 싶다고 이야기한다. 하지만 더 뜸을 들여야 한다. 아이들이 당장 책에 푹 빠져들 만큼 공을 들여서 독서 전 활동을 계획해야 한다는 말이다. 독서 전 활동에 시간을 할애해서 다양한 것을 보여주면 따로 집중하게 하거나 강제로 읽힐 필요 없이 바로 몰입 독서로 빠져들곤 한다.

재미있는 책을 선정하는 것도 중요하지만, 책과 밀당하면서 아이들이 애타게 만드는 기술이 무엇보다 필요하다.

책 내용 예상하기

13이라는 숫자 이야기

책 제목의 13은 많은 의미를 담고 있다. 서양에서는 13은 불길한 수로 여겨질 만큼 담고 있는 의미가 다양하다. 예수님이 돌아가신 날이 13일의 금요일이어서 안 좋은 날로 여긴다며 한 남학생이 먼저 이야기를 꺼냈다. 그 이야기를 듣고 13과 관련된 다양한 이야기가 오갔고, 13일 동안 무슨 일이 있었는지 예상하며 자신의 상상이 맞는지 책으로 확인하고 싶어 했다.

등장인물, 프롤로그 살펴보기

이 책은 도입부에 등장인물 카드를 수록하여 주요 인물인 루킹과 민서를 소개하고, 단톡방에 있는 친구들과 사건의 열쇠가 되는 은표를 소개하고 있다. 등장인물의 소개만으로도 아이들은 눈을 반짝이면서 학교폭력이라는 주제에 관심을 보였다. 아마도 자신과 주변의 현실을 반영하는 가장 민감한 주제이기 때문일 것이다. 책을 읽기 전 동기 유발 단계에서 등장인물 소개를 읽고 내용을 예상하면서 이야기의 재미를 느끼는 것이 좋다.

등장인물 소개에 이어 프롤로그로 '루킹이 나타났다'를 함께 읽어보자. 루킹이라는 인물이 주요 사건에서 어떤 역할을 할지 이야기를 나누고 나자, 아이들은 자신의 예상이 맞는지 확인하고 싶어 책장을 뒤적거리기 시작했다.

[활동지] 13일의 단톡방 내용 예상하기

1. 13이 갖고 있는 의미 모두 적기

2. 등장인물 소개와 프롤로그를 본 후 내용 예상하기

독서 전 활동 마무리

눈이 새빨간 피라냐 떼에 둘러싸인 채 당혹한 표정을 감추지 못하는 한 아이. 아이의 뒤에는 등 돌린 정체불명의 사람이 서 있고, 이런 절체절명의 순간에도 손에서 스마트폰을 놓지 못한다. '13일의 단톡방'이라는 제목과 표지에 그려진 아이가 처한 상황을 보며 학생들은 다양하게 의견을 내놓았다.

"저 친구 표정이 불쌍해 보여요."

"SNS에서 피라냐 같은 애들이 헐뜯고 있는 것 같아요."

"등 돌린 저 정체불명의 사람이 도와주려고 서 있는 걸까요?"

"아닌 것 같아. 배신하려고 기다리는 것 아니야?"

학생들이 이처럼 반응을 보이는 이유는 학생들의 삶에 맞닿아 있기 때문일 것이다.

현대인의 삶에서 스마트폰은 떼려야 뗄 수 없는 물건이 되었다.

학교 도서관에서 온 작품 읽기

사람들은 타인의 시선과 마찬가지로 온라인상의 체면을 중요시하며, 그 안에서 새로운 관계를 맺기도 한다. 어떤 표정을 짓는지 알 수 없고 손 내밀어도 만질 수 없는 온라인 세상에서도 희노애락이 있다. 이는 우리 학생들에게 똑같이 적용된다. 어쩌면 때 묻지 않은 새하얀 스펀지 같은 아이들은 더 크게 영향을 받는지도 모른다.

첫 시간에 책 제목과 표지를 자세히 살펴보고 학생들의 경험과 연결지어 책의 내용을 상상한 학생들은 놀랍게도 피해자라고 추측되는 인물을 불쌍히 여기고 가해자를 악마처럼 생각했다.

그러나 불쌍히 여긴다는 것은 나와 피해자를 분리해서 생각하기 때문이다. 사이버폭력은 일방적으로 가해진다기보다는 폭탄 돌리기 게임처럼 학생들 사이에 부정적인 분위기를 조성하고, 자신도 언제 따돌림을 당할지 모른다는 불안을 느끼게 한다. 가해자 한 명에게 일방적으로 비난받는 상황이라면 오히려 상황을 해결하기가 쉬울 수도 있다. 문제는 전 학급에 불안감이 맴도는 상황에서 피해자를 도와주었다가 자신도 피해자가 되지 않을까 걱정하게 된다는 점이다. 어느새 피해자와 나를 분리하고는, 그 입장을 이해하려 하는 대신 피해자에게 나보다 계급이 낮은 불쌍한 아이라는 낙인을 찍는다. 피해자는 어려움을 극복하고 도움이 필요하다면 함께 문제를 해결해야 하는 대상이지, 가엾게 여길 존재가 아니다.

한편, 학교폭력 가해자는 악마가 아니다. 사회에서도 특수범죄자를 악마처럼 몰아가곤 하는데, 이 또한 문제다. 물론 어떤 이유에서든 범죄 행위는 정당화될 수 없다. 가정환경이 불우하다거나 심신이 미약하더라도, 그런 사람들이 모두 범죄를 저지르지는 않는다. 그러나 가해자를 악마라고 지칭하는 것은 일종의 신격화라서, 누구든 살아가며 겪을 수 있는 '나'의 문제가 아니라 신문 기사에서나 나올 법한 '남'의 문제로 여기게 된다. 게다가 악마라고 하면 범죄를 저지르는 것이 당연하게 여겨질 수도 있다. 가해자는 내면의 문제를 해결하지 못하고 자신보다 약한 사람을 괴롭히는 비이성적이고 소심한 사람일 뿐이라고 생각해야 한다.

그렇기에 가해자가 받을 수 있는 불이익에 대해 이야기하자 아이들이 가장 집중했다는 방미진 작가의 말은 시사하는 바가 있다. 피해자들이 받는 상처를 생각하면 폭력은 쿨하고 재미있는 놀이일 수 없다. 그러므로 가해자가 져야 하는 책임과 받을 처벌을 알려주어 가해 행위는 부메랑이 되어 언제든지 돌아온다는 점을 인지시켜야 한다.

그래서 타인에게 피해를 주고 폭력을 행사하여 불이익을 받은 예를 신문 기사에서 발췌하여 제시하였다.

	기사 제목	원문
1	[이데일리] 일베에 악플러…두 얼굴의 공무원 → 임용 취소	https://www.edaily.co.kr/news/read?newsId=01121766628918376
2	[경향신문] 학교폭력 가해 행위 이력, 학생부에서 지우기 어려워진다	https://www.khan.co.kr/national/education/article/202104151615001
3	[노컷뉴스] 학폭 연예인 지우는 업계… 의혹도 예고 없이 손절	https://www.nocutnews.co.kr/news/5511252

결론적으로, 폭력의 가해자는 당장은 아무 일 없는 듯 보여도 언젠가 어떤 형태로든 처벌을 받게 된다. 신문활용교육(NIE)과 연계하

학교 도서관에서 온 작품 읽기

여 기사를 스크랩하고 문단별로 요약하여 내용을 파악한 후, 자신의 생각을 써본다. 학생들은 학교폭력의 잔인함과 피해에 대해 설명으로 듣는 것보다 기사를 읽고 그 결론에 대한 생각을 표현하면서 '나'의 문제로 받아들이고, 학교폭력으로 인한 실질적 피해와 불이익에 관해 깊이 생각해볼 수 있는 기회가 된다.

또한 학교폭력이 발생했을 때 학교와 사회에서 어떤 조치를 취하고 어떤 과정을 거쳐 해결하는지 탐구해본다. 국가법령정보센터는 법제처에서 운영하는 공식 사이트로 우리나라의 모든 법령 정보를 제공하므로, '학교폭력예방 및 대책에 관한 법률(학교폭력예방법)'을 검색해 학교폭력에 대한 법률을 조사한다. 누구든 피해자 또는 가해자가 될 수 있다. 피해자라면 자신을 지키는 방법을 배우고, 가해자는 어떤 처벌을 받는지 인식하도록 한다.

운영기관	사이트	법률명	조사할 내용	
법제처	국가법령정보센터	학교폭력예방 및 대책에 관한 법률	제2조	학교폭력 정의
			제12조	학교폭력대책심의위원회의 설치 기능
			제16조	피해학생의 보호
			제17호	가해학생에 대한 조치
			제20호	학교폭력의 신고의무

그 후에는 주변 곳곳에서 일어나는 학교폭력에 관한 뉴스를 조

사해서 친구들에게 발표하게 했다. 준정부기관인 한국언론재단에서 제공하는 빅카인즈는 국내의 기사를 수집하여 분석하는 서비스로, 가입만 하면 누구나 무료로 이용할 수 있다. 포미는 NIE 교육을 위해 만든 사이트로, 빅카인즈를 이용하기 어려워하는 학생도 쉽게 기사를 검색하고 스크랩할 수 있다.

학교폭력으로 처벌받은 실사례 기사를 3개 정도 조사하여 문단별로 요약한 후 자신의 생각을 정리한다. 참고문헌 작성법을 배워 기사의 출처까지 표기하면 더욱 좋을 것이다. 그렇게 조사한 내용을 친구들에게 발표하며 활동을 마무리한다.

운영 기관	사이트	특징	조사할 내용
한국언론진흥재단	빅카인즈	국내 최대 신문 기사 빅데이터 수집	학교폭력으로 처벌받은 실사례 기사 요약, 정리, 내 생각 쓰기, 출처 표기
	포미	빅카인즈보다 GI가 간단해 더욱 쉽게 이용할 수 있음. 스크랩 기능, 키워드 검색 기능 지원	

이 활동을 통해, 폭력은 유머나 재미가 될 수 없고, 성숙하지 못한 약자들이 내면의 문제를 해결하지 못해 행하는 것으로, 도덕적, 형사적으로 처벌받으며 언젠가 부정적인 영향을 미친다는 것을 아이들이 스스로 깨닫게 될 것이다.

학교 도서관에서 온 작품 읽기

3장

온 작품 읽기를 위한
독서 중 활동

- 이 장에서는 독서 중에 해볼 수 있는 다양한 활동을 제시한다.

독서 중 활동 TIP

산만한 학생이 책을 읽게 하는 법

독서 중에 산만한 학생은 자주 볼 수 있다. 이런 학생은 스스로 책을 읽을 수 있도록 교사가 지도해야 한다. 산만한 학생은 교사가 매우 신경 써야 그나마 독서 활동에 참여하는 모습을 보인다. '온 작품 읽기'를 하면 수업시간이 2시간 정도 되는데, 산만한 학생이 10분에 한 쪽도 제대로 읽지 못한다면 주의 깊게 살펴보고 적절한 조치를 취해주어야 한다.

그래서 책 읽는 자세를 강조하곤 한다. 자세가 흐트러지거나 바른 자세로 읽지 않으면 끝까지 책을 읽기가 어렵다. 처음부터 바른 자세를 강조하고 책과 눈과의 거리, 다리의 위치, 어깨의 자세를 두루 살펴본다. 그래도 흐트러진다면 독서대를 활용하면 도움이 될 것이다. 학생에게 독서대를 주고 책과의 거리를 조정해주면 자연스럽게 자세가 고쳐지고 책에 집중하게 된다. 또한 선생님이 신경 써

주고 배려해준다고 느껴서 학생이 수업에 성의를 보이기도 한다.

게임을 너무 오래 해서, 학원이 너무 늦게 끝나서 책을 읽을 수 없다는 학생도 있다. 그런 학생은 교사가 아예 옆에 앉아서 책을 읽으면 집중하게 될 것이다. 문해 능력이 많이 떨어지는 학생은 아예 따로 자리를 마련하여 교사가 책을 읽어주는 방법도 있다.

독서하기 좋은 환경을 만들어주기

독서 동아리까지 참여할 만큼 적극적인데도, 책을 읽으면 바로 전에 읽은 것이 도무지 생각이 나지 않는다는 학생이 있다. 공부 욕심이 있어서 도서관과 책을 좋아해 자주 도서관에 들르면서도 가정형편이 어렵고 화목한 가정이 아니어서 항상 슬픈 표정을 짓는 학생도 있다. 그러면 안 좋은 경험과 잡생각에 도무지 책에 집중할 수 없을 것이다. 따라서 안정된 마음이 독서에 얼마나 중요한 요소인지 알 수 있다.

학생들이 편안한 상태에서 책을 읽도록 잔잔한 피아노 연주곡을 틀어주면 독서에 집중하기 좋다. 배경음악이 중요하지 않다고 여길 수도 있지만, 카페나 서점에서 책을 읽거나 공부하는 사람이 많은 이유 중 하나는 좋은 음악이 흐르기 때문이기도 하다. 학생들의 오감을 모두 채워주기는 어렵겠지만, 청각까지 충족하면서 독서할 수 있게끔 교사가 센스를 발휘하면 좋다.

뿐만 아니라 적절한 온도와 습도를 유지하고, 직사광선이 들지 않게 해주고, 환기가 잘되는지, 책상과 의자는 편안한지 두루두루 살펴본다. 수업 시간에 몰입 독서를 한 번이라도 맛보면 아이들은 평생 독자가 되기도 한다.

책을 읽으며 질문에 대한 답 찾기

질문은 책의 내용을 정확히 이해하는 데 도움이 되는 방법 중 하나다. 먼저 책의 키워드와 표지에 있는 정보 등을 질문하면서 책 내용에 관심과 흥미를 가질 수 있다. 정답이 없는 질문이므로 학생들이 자신만의 다양한 해석을 내놓을 수 있도록 교사가 잘 이끌어준다.

책을 읽는 도중이나 모두 읽고 나서, 그 내용을 잘 이해했는지 질문할 수도 있다. 답을 찾으며 놓친 부분을 되새기고, 책의 주제를 관통하는 내용을 질문하여 학생들이 책 내용과 자신의 삶을 연결하게끔할 수 있다. 책을 모두 읽고 난 후에는 '만약' 질문이 도움이 되기도 한다. 이런 질문을 통해 학생이 책의 주제를 더욱 가깝게 느낄 수 있다.

적절한 질문과 함께 책을 읽는다면 학생들이 더욱 활동적으로 독서에 참여할 것이다. 아래에 제시한 질문뿐 아니라 학생들이 궁금한 내용으로 서로에게 질문하거나, QAR(Question-Answer-Relationship)기법을 통해 스스로 질문을 만들어보는 것도 좋은 방법이다.

	페이지	질문
독서 전 질문		Q. 어떤 행동들이 학교폭력에 해당하는지 알고 있나요? Q. 사이버폭력에 대해 알고 있나요? Q. 여러분에게 친구의 의미는 무엇인가요? Q. 친구의 자격에 대해 생각해봅시다. Q. 현실과 사이버 공간의 차이점은 어떤 것들이 있을까요?
제목과 관련된 질문	표지	Q. 어떤 단톡방에 속해 있나요? Q. 주로 무슨 이야기들이 오가나요? Q. 위에서 언급한 단톡방에 나는 초대되었나요? 　혹은 초대했나요? Q. 단톡방과 관련하여 기분이 좋았던 경험과 좋지 않았던 　경험에 대해 함께 이야기 나누어봅시다.
책 내용과 관련된 질문	10	Q. 루킹은 어떻게 아이들의 비밀을 알아낼 수 있었을까요?
	18	Q. 내가 루킹처럼 초대받지 않은 단톡방에 자유롭게 드나 들 수 있는 능력이 생긴다면 하고 싶은 일이 있나요? 하고 싶은 일은 무엇인지 생각해보고, 그 이유와 함께 이 야기해보세요.
	23 ~ 27	Q. 단톡방에서 내 말에 아무도 대답해주지 않은 적 있나요? Q. 단톡방에서 무시당했을 때 어떤 기분이 들었나요?
	27 ~ 32	Q. 단톡방에서 반 아이들은 왜 민서에게 화가 나 있을까요?
	37	Q. 관계를 회복하기 위한 나만의 사과 방법이 있나요? Q. 사과할 때 가장 중요한 것은 무엇인가요?
	42	Q. 민서처럼 채팅창에 분노를 쏟아붓고 있을 때 당사자가 등장하면 어떨 것 같나요?
	48	Q. 친구들과 사이가 틀어져 힘들었던 경험이 있나요?
	50	Q. 익명 채팅방(오픈톡)은 일반 단톡방과 어떤 점이 다른가 요? 장점과 단점을 찾아보세요.

페이지	질문
64 ~ 69	Q. 나만 잘못 나온 사진을 다른 친구가 올리면 어떤 기분이 들까요? Q. 이런 상황을 해결할 수 있는 방법은 어떤 것이 있을까요?
70 ~ 73	Q. 민서가 사과하고 나서 아이들과 사이가 좋아졌나요?
80	Q. 익명 톡방처럼 온라인상에서 나를 밝히지 않고 의견을 나누는 플랫폼의 장점과 단점은 무엇일까요? Q. 이러한 플랫폼에 대한 나의 의견은? (존치, 폐지) Q. 익명 톡방을 이용해본 경험이 있나요?
80 ~ 87	Q. 소문은 왜 만들어지고 퍼지는 걸까요? 소문에는 진실인 소문도 있지만 가짜인 소문도 있습니다. 두 가지 경우를 찾아보고, 가짜 소문이 생긴 이유도 생각해봅시다.
96	Q. 민서가 괴롭힘에서 벗어나기 위해 한 행동은 무엇인가요? Q. 왜 민서는 선생님께 솔직한 마음을 털어놓지 않았을까요? Q. 내가 민서라면 선생님께 어떻게 대답을 했을까요?
100 ~ 109	Q. 어렵고 힘든 상황에 놓였을 때 나만의 극복 방법은 무엇인가요?
101 ~ 102	Q. 반 아이들의 나쁜 행동에 대해 루킹이 하려는 복수는 어떤 것일까요?
108 ~ 109	Q. 만약 내가 왕따 당하는 민서라면 가해자인 아이들에게 어떤 행동을 할 수 있을까요? 가해자들의 왕따를 멈추는 방법에는 무엇이 있는지 알아봅시다.
112 ~ 115	Q. 익명 톡방의 대화를 보고 민서는 어떤 기분이 들었을까요?
117	Q. 우울해진 민서가 기운 낼 수 있도록 위로해봅시다. Q. 내가 선생님이었다면, 지석이가 전학 간 날 학생들에게 어떤 이야기를 했을까요?

(책 내용과 관련된 질문)

학교 도서관에서 온 작품 읽기

페이지	질문
122	Q. 의도가 좋으면 잘못된 행동은 용인될까요? Q. 의도와 상관없이 잘못된 행동은 잘못된 행동일 뿐일까요? (루킹의 해킹 같은 경우)
126	Q. 유령 모드로 루킹과의 대화를 보던 민서는 아이들의 속마음을 알아볼 수가 있었습니다. 대부분의 아이들은 민서를 싫어하지도 않으면서 반 친구가 당하는 모습을 가만히 보고만 있었는데요. 그 이유는 무엇일까요?
143	Q. 경민이가 이야기한 왕따 가해자 증거로 유명인이 매장된 사례를 떠올려보고 이야기해보세요.
147 ~ 149	Q. 반 아이들은 민서에게 왜 변명이 담긴 문자를 보냈을까요?
152 ~ 156	Q. 내가 반 아이 중 한 명이었다면 어떤 내용의 문자를 보냈을지 생각해봅시다. Q. 루킹의 진짜 정체는 무엇일까요?
161 ~ 164	Q. 책의 내용처럼 학급 아이들이 어려운 상황에 처했을 때, 내가 선생님이라면 어떻게 대처했을까요?
164 ~ 175	Q. 민서가 13일 만에 왕따를 이겨낸 데는 루킹의 도움이 컸습니다. 루킹이 민서를 도운 이유는 무엇일까요?
함께 고민할 질문	Q. 내가 만약 루킹의 능력을 가지고 있었다면 어떤 일을 하고 싶나요? Q. 우리 반의 제대로 된 단톡방 문화를 생각해봅시다. Q. 반 단톡방은 꼭 필요할까요? 장단점을 생각해봅시다. Q. 내가 민서였다면 어떤 방법으로 은따를 이겨낼 수 있었을까요? Q. 민서는 왕따 사건 이후로 친구들과 어떻게 지낼까요? Q. 루킹(나루)은 민서를 만나기 전에 어떤 일을 겪은 걸까요? Q. 곤란한 상황에 처한 친구에게 루킹처럼 몰래 도움을 줄 방법을 생각해봅시다.

책갈피에 필사하며 읽기

　필사하며 읽기는 아이들이 메모하며 읽는 좋은 습관을 길러준다. 학생들에게 인상 깊은 장면을 중심으로 필사하며 읽도록 지도했더니, 주인공인 민서의 감정 변화를 주시하며 필사 활동에 열심히 참여하였다. 시 읽기 지도에도 자주 쓰이는 필사하기는 독서하다가 잠시 멈춰서 생각하고 기록하기 때문에 독서 중 활동으로 좋다. 책을 읽을 때마다 사용할 수 있는 필사 책갈피를 제공하여, 아이들이 책을 읽을 때마다 자연스레 책 속 장면을 떠올릴 수 있도록 하였다.

p.27
민서가 톡을 보냈는데 서연이가 말을 무시한다.

p.30
민서가 미래에게 봉사라고 했는데 약속을 어겼다.

p.35
서연, 미래, 하늘이가 민서에게 화나서 3명만 다니는데 민서만 속상해한다.

p.117
언젠가 선생님이 들려주었던 이야기가 떠올랐다. 똑같은 환경에서 자라는 나무라도 아름다운 음악 속에서 자란 나무는 무성하게 컸고, 소음과 욕설을 들으며 자란 나무는 말라 죽었다는 이야기였다. 사람이라고 다를 리 없다.

p.126
루킹: 유령 취급했단 말이잖아. 그것도 따돌림이야.

p.149
똘똘 뭉쳐 민서를 공격하던 아이들이 이제는 서로를 공격하며 책임을 미루고 있었다. 그러다 하나둘 도망치듯 단톡방을 나갔다. 민서를 그 모습을 지켜보다 채팅 창을 닫았다.
"이긴 건가?"
뒷맛이 씁쓸했다.

p.173
루킹: 내가 아닌 다른 사람을 걱정하고 보호하려고 애쓴 건 처음이었어.
정말 이상한 건 애들에게 복수해도 풀리지 않던 마음이, 너를 돕고 너를 아끼니 풀리더라. 이상하지?

만약 내가 주인공이라면

학교폭력을 근절하자며 열심히 홍보하거나 학교폭력에 대한 삼행시를 짓거나 관련 영상을 본다고 해서, 학교폭력의 근본적인 문제점이 해결되지는 않는다. 당장 관심만 불러일으키는 것으로는 충분하지 않으며, 피해자가 겪는 고통을 이해해야 한다. 대수롭지 않게 한 행동이 누군가에게는 비수가 되어 꽂힐 수도 있다는 걸 안다면 타인을 대할 때 조심하게 될 것이다.

그래서 피해자의 입장에서 이해해보기 위해 독서 중 활동으로 왕따 피해자를 설정하여 역할극을 해보았다.

먼저 반 친구(방관자) 5명, 왕따 피해자 1명을 정하고, 나머지 아이들은 가해자가 된다. 가해자는 왕따 피해자에게 한 명씩 다가가 대본에 정한 대로 비난하는 말을 한다. 이때, 대사는 생생하게 한다. 그 후 방관자들에게 느낌과 생각을 묻고, 피해자와 가해자에게도 똑같이 묻는다. 그다음엔 피해자가 가해자 앞에 선다. 방관자 학생 1명도 피해자와 같이 다닌다. 이번에는 가해자가 피해자와 눈을 맞추고 대본에 있는 격려의 말을 해준다. 격려의 말이 모두 끝나면 피해자에게 느낌과 생각을 묻고, 가해자에게 비난의 말을 할 때와 격려의 말을 할 때 감정의 변화를 묻는다. 의견을 모두 공유하면 역할극은 끝난다.

책에 나온 대로 없는 아이 놀이를 해도 좋다.

비난하는 말	- 왜?! 내가 뭘 잘못했는데 그래? - 어휴~ 네가 늦게 해서 우리만 맨날 꼴찌야. - 넌 니가 부끄럽지도 않아? - 너 진짜 별로야. 실망이야.
격려하는 말	- 그렇게 말하니까 내 마음이 아파. 어떤 부분을 잘못했는지 말해줄래? - 네가 시간을 잘 지켜주었으면 좋겠어. 다른 사람이 불편하거든. - 나는 이렇게 했으면 좋겠는데, 너는 어떻게 생각해? - 나 너한테 ~한 점이 서운한데 내 이야기 들어줄래?

꼼꼼하게 읽으면서
단어, 개념 찾아보기

　책을 읽다 보면 모르는 어휘가 튀어나와 읽기에 온전히 집중할 수 없거나, 그냥 넘어가자니 내용을 이해하지 못할까 봐 찜찜한 마음이 드는 경험은 누구나 해보았을 것이다. 또 앞뒤 문단을 살펴보면 대충 알 것 같지만 정확한 의미를 모르는 개념도 등장한다. 친구나 어른에게 물어보면 쉽게 답을 얻을 수 있겠지만, 쉽게 얻은 것은 쉽게 잊어버린다. 혼자 고민해보고 스스로 애써서 의미를 찾아보는 과정을 통해 이해한 개념은 지식을 풍부하게 해줄 것이다.

　우선 문맥을 파악하며 의미를 예상해보고 정확한 뜻을 파악하며 읽는다. 천천히 읽으며 모르는 단어, 문장, 개념을 체크하고, 찾아보기 전에는 앞뒤 문장의 맥락을 살펴보며 예상해본다. 고민 끝에 자신이 생각한 개념 혹은 단어의 뜻을 써본다. 그리고 국어사전, 인터넷 백과사전 등을 이용해 정확한 뜻을 찾아본다. 뜻이 여러 개가 있는 단어는 앞서 예상한 뜻을 참고해 문맥에 알맞은 뜻을 체크하고, 그 단어의 쓰임 여러 개를 같이 익힌다.

이 활동은 내용의 이해를 도와 이야기를 수월하게 읽어나갈 수 있게 한다. 내용을 곱씹으며 꼼꼼히 읽고, 글자를 읽는 게 아니라 내용을 정확히 파악하며 생각하는 힘을 기를 수 있다.

---

1. 《13일의 단톡방》을 읽으면서 뜻을 모르는 단어를 3가지 적고, 앞뒤 내용을 살펴보며 단어의 뜻을 예상해봅시다.

지난 시간
책을 읽으며 메모했던
포스트잇을 붙여주세요

2. 국어사전에서 정확한 뜻을 찾아봅시다.

단어		
	뜻	
	비슷한 말	
	반대말	
	뜻	
	비슷한 말	
	반대말	
	뜻	
	비슷한 말	
	반대말	
	뜻	
	비슷한 말	
	반대말	

3. 내가 예상했던 뜻과 국어사전에서 찾은 정확한 뜻을 비교해봅시다. 모르는 단어가 나오면 앞으로 어떻게 해야 할지 생각해봅시다.

학교 도서관에서 온 작품 읽기

연극 활동

　책의 주제인 학교폭력, 따돌림은 사이버 공간인 SNS와 물리적 공간인 학교에 모두 해당된다. 여러 공간적 배경에서 아이들이 나누는 톡과 대화는 따돌림을 주도적으로 이끌어가고, 따돌림을 당하는 민서의 감정도 여실히 드러난다. 추천의 말에서 동국대학교 신나민 교수는 "이 책은 아이들을 가르치지 않고 느끼게 해줄 수 있다"고 말했다.

　《13일의 단톡방》에서 민서가 왕따당하는 상황의 대화를 연극 주제로 선정했다. 연극 활동을 진행하며 학생들은 역지사지의 감정으로 따돌림당한 민서의 감정을 이해하고, 사이버폭력이 왜 나쁜지, 어떻게 대처하면 좋을지 적극적으로 생각하게 된다.

등장인물 - 민서, 서연, 미래, 하늘

학교 교실

민서	*(혼잣말하며)* 친구들이 왜 화났는지 알았어. 오늘 진심으로 사과할 거야. *(친구들 앞으로 걸어간다.)* 네가 이상하게 사진 찍힌 줄 몰랐어. 미안해.
하늘	*(쓱 쳐다보며)* 어.
미래	*(구시렁대며)* 모르긴 뭘 몰라.
서연	웃기네.

SNS 단체톡방

민서가 '예쁜 우정 영원히'방에 서연, 미래, 하늘을 초대한다.

민서	정말 몰랐어. 미안해. 앞으로 안 그럴게.
서연	네가 사과하면 우리는 받아줘야 해? 사과하면 다야?
민서	내가 어쩌면 좋겠어?
미래	어쩌긴 뭘 어째.
민서	화해하고 싶어.
서연	화해는 무슨. 아, 그냥 싫다고.

친구들이 우르르 나가버린다.

민서	*(얼굴이 창백하게 질리며)* 너희들이 원하는 게 내 사과 아니었어? 원래 나를 싫어했다고?

학교 교실

쉬는 시간에 민서가 힘 없이 낙서를 하고 있다.

낙서를 하고 있는데 누가 툭 쳤다. 고개를 드니 서연이가 서 있다.

민서 　　　　　(놀라서 어버버하며) 어?
서연 　　　　　(민서를 가리키며) 얘 좀 봐. 진짜 눈치 없다.
미래, 하늘 　　(깔깔 웃으며) 그러니까~ 진짜 웃겼다니까.
민서 　　　　　(머릿속이 빙글빙글 돌며) 도대체 무슨 말이야?
서연 　　　　　(우스꽝스러운 표정을 지으며) 지금까지 장난친 거잖아, 바보야!
미래 　　　　　(소리치며) 몰래카메라였습니다!
민서 　　　　　(놀라고 안심한 표정으로 엉엉 운다.) 으아아아앙.

민서네 집 민서 방

민서 　　　　　(자기 울음소리에 놀라서 잠에서 깨며 독백한다.) 잠깐. 어… 그럼 그렇지. 그런 기적이 일어날 리 없지. (누워서 어두운 천장을 올려다본다.) 저기 네모난 상자 안에 갇힌 것같이 숨이 막혀. 내일 아침에 눈을 안 떴으면 좋겠어.

학년 : 　　반 : 　　번호 : 　　이름 :

- 대본을 보고 주인공의 감정을 상상하여 실감나게 연극 활동을 해봅시다.

- 연극 활동을 해보았습니다. 따돌림을 받는 민서의 마음이 어땠을까요?
  민서의 마음을 자유롭게 표현하고 설명해봅시다.

- 다른 역할을 한 사람에 대해 어떤 감정을 느꼈나요?
  또 내가 주인공이라면 이 상황을 어떻게 대처했을지 이야기 나누어봅시다.

- 연극 활동 후 느낀 점이나 이전과 달라진 생각이 있나요?
  연극 활동 참여 후 느낀 점과 내 생각을 적어봅시다.

사과사과해

우리는 일상생활에서 다른 사람과 갈등을 빚는다. 갈등은 분명 달갑지 않은 것이지만, 성숙한 방식으로 원만히 해결한다면 상대방을 더 이해하고 깊은 관계로 나아가는 계기가 될 수도 있다. 그러나 사과하는 데도 기술이 필요하다. 영영 얼굴을 보지 않을 사이가 아니라면 먼저 밝은 표정으로 손 내미는 것은 어떨까? 민서의 사과 태도를 살펴보며 자신의 경험과 연관지어 나만의 사과 기술을 친구들과 나누어본다.

이때, 자신이 민서였다면, 혹은 사과를 받은 친구였다면 어떻게 느꼈을지 등장인물에게 감정이입을 해본다. 스스로 사과하는 태도를 반성해보고, 친구의 기분이 상하지 않게 자신의 의중을 분명하게 전달하여 사과하는 방법을 고민한다.

학교 도서관에서 온 작품 읽기

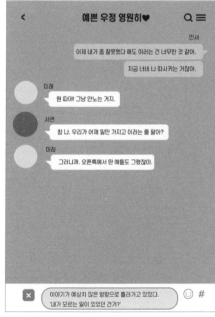

- 민서의 사과 방법은 어떠했나요?

- 친구들은 민서의 사과에 대해 어떤 태도를 보였나요?
  이러한 태도는 관계에 어떤 영향을 미칠까요?

- 친구들은 왜 민서가 사과했는데 받아주지 않고 무시한 것일까요?

- 사과를 했던 경험이 있나요?

  - 어떤 상황이었나요?

  - 어떤 방법으로 사과를 했나요?

  - 그때 친구들의 반응은 어떠했나요?

- 내가 받고 싶은 사과는 무엇인가요? 여러 가지 측면에서 생각해봅시다.

  - 마음가짐

  - 태도

  - 행동

  - 그 밖에 사과할 때 꼭 고려해야 할 사항

학급 친구들과 진정한 사과에 대하여 의견을 나눈 후에는 사과의 마음을 전하고 싶은 사람에게 편지를 쓰는 시간을 갖는다. 편지의 내용은 사과하는 내용도 좋고, 사과를 전해주고 싶은 사람에게 하고 싶은 말을 자유롭게 써보는 것도 좋다. 마음속에 눌러 담은 말을 글씨로 써서 전달하는 데 의의를 둔다. 앞서 이야기한 내용을 떠올리며 편지에 반영하도록 한다.

가짜 소문, 진짜 소문

 책에서 민서는 익명방에서 무차별적인 공격을 가하는 아이들을 상대로 논리적으로 따져가며 싸워보려고 했다. 하지만 아이들은 민서에 대해 근거 없는 소문을 퍼트려 민서는 더 당황하고 결국 더 이상 버틸 수 없었다. 민서는 그 소문이 가짜라는 것을 분명히 알았지만, 그것을 지켜보는 무관심한 대다수의 아이들은 사실 여부보다는 소문 자체의 자극적인 쾌감을 더 즐기고 있었다.

 비판적인 시야를 갖고 상황을 판단하는 능력은 현 시대에 더욱더 필요한 것이다. 책을 읽거나 미디어를 접할 때, 뉴스를 볼 때 등 꼭 필요한 능력이기 때문이다. 민서의 가짜 소문 사건을 주제로 가짜 뉴스를 보여주는 활동을 해보았다. 아이들은 처음에는 진지하게 보다가 '아나운서가 개그맨인 것 같다'거나 '자막에 나오는 문구들이 가짜인 것 같다'며 이 뉴스가 가짜인 것을 눈치채기 시작했다. 하지만 이 뉴스가 진짜일 거라고 생각하는 아이들도 분명히 있었다. 그런 친구들에게 가짜인 증거를 찾을 수 있도록 여러 가지 단서를 더 알려주었다.

이렇게 가짜로 만들어진 뉴스를 넘어서 사실을 깨닫게끔 비판적인 시각을 가질 수 있도록 아이들을 훈련해야 할 것이다. 그래서 가짜 뉴스의 예를 들어주고 《감기 걸린 물고기》(박정섭, 사계절)라는 그림책을 소개해주었다. 아귀가 어떻게 가짜 소문을 퍼트려서 물고기를 모두 잡아먹었는지 보고 아이들은 가짜 뉴스의 무서움을 실감했다.

- 소문은 왜 만들어지고 퍼지는 걸까요?
  소문에는 진실인 소문도 있지만 가짜인 소문도 있습니다.
  두 가지 경우를 찾아보고, 가짜 소문이 생긴 이유도 생각해봅시다.

독서 생각 나눔

　토의는 공통된 문제에 대해 좋은 해결 방안을 찾기 위해 함께 고민하고 의견을 나누는 것이고, 토론은 공통된 문제에 대해 각자 찬성 혹은 반대의 의견을 가지고 상대의 의견에 반박하며 설득하는 말하기 활동이다. 토의와 토론 모두 학생들과 책을 읽고 말하기 활동을 하기에 적합하다. 토론과 토의 활동을 진행하기에 앞서 말하기 활동에 익숙해질 수 있도록 독서 생각 나눔을 하는 것이 좋다.

　독서 생각 나눔은 토론과 토의의 경계를 허물고 학생들이 책을 읽은 후 친구와 이야기를 나누고 싶은 주제를 생각해서 함께 의견을 나누는 활동이다. 독서 토론이나 토의를 해본 적 없는 학생들이라면 자신의 의견을 머릿속으로 정리하여 이야기하는 일은 두렵고 어렵게 느껴질 것이다. 따라서 자신의 의견을 간단히 메모할 수 있는 활동지를 제공하는 것이 좋다.

학생들이 정한 독서 생각 나눔의 주제가 더 좋은 해결 방향을 찾기 위한 주제라면 토의로 진행하고, 찬성과 반대의 의견으로 나뉠 수 있는 주제라면 토론으로 진행한다. 토의로 진행할 경우 학생들이 자유롭게 이야기를 나눌 수 있도록 하고, 교사는 주제에 관련된 질문을 뽑아 더 탄탄한 토의가 될 수 있도록 길잡이 역할을 해주는 것이 좋다. 그리고 토론을 진행할 경우에는 교사가 간략하게 토론 방법을 안내하는 것이 좋다.

 이 책을 읽고 나서 학생들이 진행한 독서 생각 나눔의 주제 중 하나는 '친구와 잘 화해할 수 있는 방법'이었다. 친구와 다투고 집에 가는 길에 편지지를 사서 자신의 마음을 전하는 편지를 써서 화해하겠다고 말하기도 하고, SNS를 통해 미안함을 전달하겠다는 학생도 있었으며, 다툼 뒤에는 꼭 직접 대화를 나누어 화해하겠다고 말하기도 했다. 반면에 아직까지 마땅히 좋은 화해 방법을 찾지 못해 화해의 손길을 내밀어본 적이 없었다고 고백하기도 했다.

 이런 독서 생각 나눔 활동을 하며 다른 사람의 이야기를 경청하고 자신의 생각을 논리적으로 이야기할 뿐 아니라 서로 다른 의견을 존중하고 이해하는 마음을 기를 수 있다.

토의·토론 활동

방관자에 대한 토론

방관자	
본문 p.126	"따돌리진 않았어. 그냥 말을 안 했을 뿐이지."

1. 가해자보다 나쁘다.

   - 가해자에게 힘(권력)을 준다.

   - 동조함으로써 따돌림이 성립된다.

2. 가해자만큼은 아니지만 나쁘다.

   - 아무 조치도 취하지 않는 것은 잘못이다.

   - 잘못은 있지만 가해자만큼 적극적으로 따돌리지는 않았다.

3. 잘못이 아니다.

    - 말을 걸지 않은 것은 직접적인 따돌림이 아니다.

따돌리는 분위기에 대한 토의

따돌림, 학교폭력	
본문 p.129	"살해당한 사람은 있는데 살해한 범인은 없는 이상한 사건"
본문 p.133	루킹: 그럼 왜 아무것도 안 한 거야? 민서랑 친하게 지내면 누가 괴롭 힐까 봐 그런 거야? 하늘: 그런 것도 있고. 루킹: 있고? 또 다른 이유가 있어? 하늘: 분위기가 그러니까. 애들이 뒤에서 뭐라고 할 거 아냐.

1. 따돌리는 분위기는 누가 만드는 걸까?

    - 가해자

    - 피해자

    - 우리 모두

    - 기타

2. 이런 부정적인 분위기를 타파하기 위해서 개인 혹은 단체(학급)는 어떤 행동을 해야 할까?

    - 개인:

    - 학급:

루킹이 되어
민서를 위로하는 쪽지 쓰기

　이 활동은 독서가 중간 이상 진행되어 사건이 절정에 다다를 무렵에 하는 것이 좋다. 학생들은 민서가 가장 힘들고 괴로운 순간이 언제인지 찾아본 후, 익명으로 민서에게 쪽지를 쓴다. 쓰기 활동이 끝나면 책 한 권에 메모를 모아서 누구나 읽을 수 있도록 도서관에 전시해둔다. 그러면 반마다 한 권씩 다양한 위로를 담은 책이 만들어지는 셈이다. 학생들은 전시된 책을 읽어본 후 다른 친구들의 쪽지를 읽고 느낀 점을 이야기하도록 한다.

　실제로 왕따 경험이 있는 학생은 민서의 아픔에 공감하여 책을 읽기 힘들어할 수도 있는데 그 학생을 위로하기 위해 기획한 활동이었다. 그런데 의외로 학생들의 반응이 좋았다.

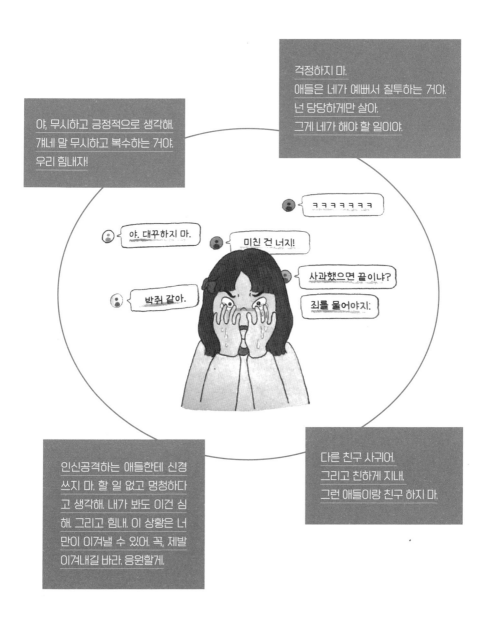

"민서야, 힘내!"
포스트잇 활동

이 책은 민서가 13일 만에 왕따에서 벗어난 이야기여서 통쾌하게 느껴진다. 민서가 힘든 시기를 넘길 때 아이들도 함께 공감하며 분노를 느꼈고, 민서에게 응원의 메시지와 더불어 구체적인 조언도 해주었다.

독서가 끝나면 포스트잇을 나눠주고 민서에 대한 응원 문구를 적게 해보았다. 포스트잇을 모아서 전시하자, 아이들 모두 민서를 응원하고 민서의 편이 되었다.

민서야, 지금은 네가 당하고 있어도 널 따돌리는 친구가 웃고 있어도 나중에는 그 결과가 널 따돌리던 친구에게 다시 갈 거야. 왜냐하면 인생은 부메랑이거든. 파이팅!
5학년 조**

남의 일이어서 딱 정하라고 하지는 못하겠지만 힘내. 내가 말할 수 있는 게 이것밖에 없어서 미안해.
5학년 홍**

너는 굳건하게 헤쳐나갈 용기가 있어. 너의 마음의 꽃이 채 자라기 전에 새싹일 때 잡초일 거라고 짐작해서 뽑아내지 말고 잘 자라자.
5학년

민서야, 힘내!
민서야, 꼭 기억해야 할 게 있어!
너를 응원하고 믿는 사람이 있다는 걸 꼭 기억해!
5학년

애들 말은 무시하고 꼭! 강한 복수를 해야 돼. 따시킨 애들을 날려버려! 힘내! 정말 보는 내내 속이 터지는 줄. 루킹이랑 복수 꼭 해내!
5학년 고**

니가 별로인 게 아니고 걔네들이 잘못된 거야! 그러니 다른 친구들과 친하게 지내봐. 할 수 있어. 힘내! 파이팅!
5학년

4장

온 작품 읽기를 위한
독서 후 활동

- 이 장에서는 독서를 마친 후 함께 해볼 수 있는 활동을 제시하였다.

- 수업 상황에 맞게 선택할 수 있도록 다양하게 페이지를 구성해보았다.

"우정은 ＿＿＿다"

　내가 생각하는 우정은 무엇인지, 우정을 돈독히 하기 위해서는 어떤 자세를 가져야 할지, 책을 읽고 난 후 스스로 질문하고 성찰한다. 좋은 친구는 저절로 생기지 않으므로, 내가 먼저 친구를 어떻게 대해야 할지 고민해보는 시간을 가진다. 빈칸을 모두 채웠으면 이유도 함께 써서 학급 친구들끼리 우정에 대한 의견을 공유한다. 같은 맥락에서, "친구는 ＿＿다", "학교폭력은 ＿＿＿다", "메신저는 ＿＿＿하게 사용해야 한다" 등 빈칸 채우기를 통해 학급 친구들이 모두 받아들일 만한 규칙을 마련할 수도 있다.

　다양한 교수 학습 자료를 사용할 수 있지만, 그중에서도 헥사 토론을 위해 칠판에 붙일 수 있는 오각형판이나 대형 포스트잇을 사용하면 시각적으로 뚜렷하게 의견을 공유하고 개진할 수 있다.

MEMO BOARD

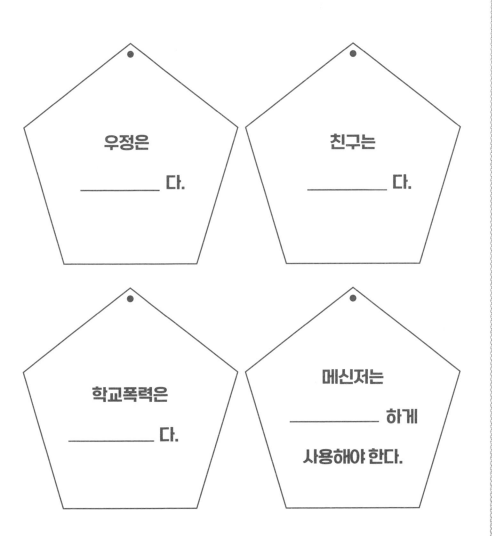

우정은

_____ 다.

친구는

_____ 다.

학교폭력은

_____ 다.

메신저는

_____ 하게

사용해야 한다.

나만의 감정 사전 만들기

이 책에서는 아이들의 미세한 감정선이 눈에 보이듯이 뚜렷하게 나타난다. '등장인물이 저렇게 말하면 나는 어떻게 행동해야 할까?'라는 생각이 절로 든다. 사소한 감정이라도 차곡차곡 쌓이면 결국 폭발하게 된다. 자신의 감정을 잘 다스리고 다른 사람의 감정도 헤아린다면 작은 다툼은 그 자리에서 끝낼 수 있다.

나만의 감정 사전 만들기 활동은 《아홉 살 마음 사전》(창비, 2017)에서 아이디어를 얻었다. 다양한 감정 표현을 아홉 살 눈높이에서 구체적으로 설명하는 책이다. 놀이동산에 놀러 가서는 무서운 놀이기구를 보고 지레 겁을 먹고 뒷걸음질 치는 아이가 있고, 씩씩하게 놀이기구를 타러 가는 아이도 있다. 무섭기도 하지만 타고는 싶은 어중간한 마음을 가진 아이도 있다. 이렇게 같은 상황에서도 아이들의 반응은 다양하다. 이렇게 개성 넘치는 감정을 표현한 나만의 사

　　　　　　　　학교 도서관에서 온 작품 읽기

전을 만들어보는 활동을 통해 감정을 다스리게 될 것이다.

첫째, 여러 가지 감정 표현을 제시한다. 단순히 '좋다', '싫다'라고 표현하기보다 타인에게 감정을 효과적으로 전달할 수 있는 '표현'을 익힌다.

둘째, 표현들을 분류하여 비슷한 표현끼리 한데 묶는다. 모둠끼리 진행하는데, 분류의 목적과 이유가 타당하면 제한 없이 자유롭게 묶도록 한다.

셋째, 준비해둔 감정 표현 쪽지를 응모함에 넣고 긍정적인 감정

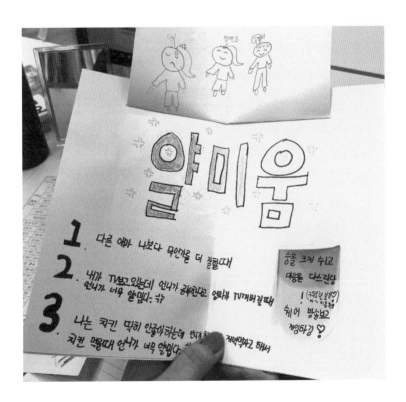

에서 하나, 부정적인 감정에서 하나씩을 뽑는다. 이렇게 뽑힌 긍정과 부정 표현이 우리 학급의 감정 사전 단어다.

넷째, 팝업북을 준비한다. 만들어도 좋고 판매하는 종이를 사용해도 좋다. 긍정적인 감정 표현을 크게 쓰고 언제 이런 감정을 느끼는지 감정을 느끼는 상황 3가지를 쓰고 그린다. 마찬가지로, 부정적인 감정 표현을 크게 쓰고 언제 이런 감정을 느끼는지 쓰고 그린다. 팝업북이기 때문에 여는 부분에 이 감정을 해소하는 자신만의 비법을 쓰고 그린다.

다섯째, 사전을 만든 후엔 만든 사람의 이름을 붙여 감정 사전을 완성하고 발표하는 시간을 가진다. 친구들의 상황과 감정을 듣고 나와 비교하며 친구를 이해할 수 있다. 그리고 친구의 부정적인 감정 해소 방법을 공유하며 발전적으로 성찰할 수 있는 기회를 가진다.

감정 카드 게임

영화 〈인사이드 아웃〉에서는 기쁨, 슬픔, 소심, 버럭, 까칠함이라는 다섯 가지 감정의 색깔과 성격을 보여준다. 아이들과 다섯 가지 감정에 대하여 이야기해보고 책 속 장면을 떠올리며 등장인물이 느꼈을 감정이 무엇인지 알아보았다. 파랑은 슬픔, 초록은 소심함, 보라는 까칠함, 빨강은 버럭, 노랑은 기쁨으로 정하고 《아홉 살 마음 사전》을 참고하여 감정을 선택한 후 감정 카드를 만든다.

예를 들어, 슬픔이 카드에 해당하는 감정이면 슬픔 2, 버럭 1로 비용을 정한다. 그리고 슬픔 카드 이모티콘 위에 불행이라고 감정을 적어서 카드를 완성한다. 기쁨 카드만은 예외로 카드 7장 이상을 가진 사람이 가져갈 수 있게 한다. 실제 마블 스플랜더 게임에 사용하는 스톤을 사용하여 스플랜더 규칙을 그대로 차용해 게임을 진행할 수 있다.

기쁨 카드

감정
비용 카드 장

버럭 카드

감정
비용 카드 장

슬픔 카드

감정
비용 카드 장

소심 카드

감정
비용 카드 장

까칠 카드

감정
비용 카드 장

루킹 되어보기

　루킹은 단순한 해커가 아니라, 민서를 도와 부당한 따돌림에 맞서는 조력자다. 루킹 되어보기 활동은 마니또 활동이다. 마니또는 스페인어로 '친구 간의 친밀감'이나 '매우 가까운 친구'를 뜻하는데, 서양에서는 성탄절을 앞두고 제비뽑기로 서로 수호천사가 되어 친구를 도와주는 활동이었다. 누군가에게 조건 없는 사랑을 받고 또 누군가에게 대가 없는 사랑을 주는 경험은 기쁜 일이다. 도움을 주는 이가 누구인지 밝히지 않는다는 설정 또한 학교에 올 날을 손꼽아 기다리는 이유가 된다.

　마니또 활동은 친구를 도와주고 선물이나 간식을 몰래 전달해주면서 학급 친구들 사이에 유대감을 높여주고 분위기를 즐겁게 만든다. 학기 초에 서먹할 때나 학기 말에 어수선한 분위기에서 마니또 활동을 적극 추천한다.

1. 마니또 활동의 유래와 취지를 교사가 설명한다.

2. 마니또 활동 기간을 학급회의로 정한다.

3. 마니또를 랜덤으로 뽑는다.
   ex) 제비뽑기 등

4. 마니또에게 들키지 않고 미션을 수행한다.
   ex) 마니또에게 매일 인사하기, 마니또와 함께 사진 찍기, 마니또에게
   줄 손편지 쓰기, 마니또 이름으로 응원의 3행시 지어주기, 마니또
   에게 좋은 글귀나 시 선물하기 등

5. 활동 기간이 끝나면 마니또를 밝힌다.

톡으로 고민 털어놓기

　고민을 말하는 것만으로도 치유의 효과가 있다. 남들에게 쉽게 말하지 못할 고민을 실제로 존재하지 않는 인물인 루킹에게 이야기하는 활동을 통해 아이들은 자신의 고민을 털어놓고 진지하게 대화를 나누었다. 고민을 털어놓을 곳이 마땅히 없다면서, 실제로 루킹이 있었으면 좋겠다는 초등학생도 있었다.

　고민은 익명으로 제출하고, 고민을 해결할 수 있는 책을 추천해주어 아이들이 책을 읽고 마음의 짐을 덜 수 있도록 한다. 고민이 없다는 아이들도 막상 활동을 시작하자 재미를 느끼고 열심히 참여했다.

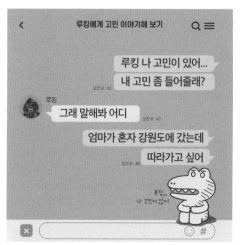

사이버 이용 예절

책의 말미에는 정보 전달 글의 성격인 '미디어 윤리'에 대해 설명한다. 글을 읽고 우리의 경험과 책의 내용에 비추어 미디어 윤리와 사이버 이용 예절에 대해 의견을 나누어본다. 이때 QAR 기법을 사용한다. 책에서 답을 찾을 수 있는 질문은 책의 줄거리와 부록 등을 적극적으로 활용하고, 나의 경험을 통해 알 수 있는 부분은 자유롭게 경험을 떠올려본다.

학년 :   반 :   번호 :   이름 :

• 선생님의 이야기를 듣고 제대로 된 단톡방 문화가 무엇일지 생각해봅시다.

> 우리는 한번 실패했잖아.
> 이 실패를 이대로 덮어버리면 지금은 괜찮을지 몰라도
> 언젠가, 먼 훗날에 똑같은 실수를 할지 몰라.
> 그렇게 말하고 행동하는 방식밖에 배우지 못했으니까.
> 지금이 절대 끝이 아니야. 우리 이대로 끝내지 말자.
> 우리가 이 안에서 서로 의견을 주고받으며
> **제대로 된 단톡방 문화**를 만들어갔으면 좋겠어. 다 같이 배웠으면 해.
> 나는 너희들이 악플이나 다는 어른이 되지 않길 바라거든.

• SNS의 순기능과 역기능에 대해 생각해봅시다.
  (책에서 나온 내용과 나의 생각 모두 써보세요.)

SNS 순기능	활발한 소통, 실시간 의사 전달, 쌍방향 소통
SNS 역기능	일방적 무시, 보조 장치(이모티콘) 필요, 감정 전달 어려움

● 성숙한 시민으로서 인터넷 기사에 선플 달기 운동을 해봅시다.

기사 제목	선플 내용

사이버 윤리 다짐 그립톡 만들기

그립톡이란 휴대폰 뒤에 부착하는 거치대 겸 손잡이다. 앞서 사이버 윤리에 대해 공부한 것을 바탕으로 그립톡을 만들어본다. 만들기 활동을 하며 다시 한번 사이버 윤리를 자연스럽게 받아들이고, 매일 들고 다니는 휴대폰 뒤에 부착하여 휴대폰을 사용할 때마다 사이버 윤리를 떠올리게 될 것이다.

스티커 부착형
스티커 위에 그리고 그립톡 본체에 스티커 붙이기

레진 공예
레진 용액을 주입하고 마르기 전에 여러 가지 데코용 글자와 반짝이를 붙여 완성한다.

온라인 세상, "주인공은 나야, 나"

학생 때는 학교생활이 삶의 전부이고, 친구의 작은 반응에도 노심초사하게 마련이다. 발표 순서에 제발 걸리지 않길 바라고, 발표를 못하면 친구들이 멍청하다고 여길까 봐 걱정한다. 이렇게 학교에 다니면서 여러 가지 걱정과 고민이 많은 아이들이 땅바닥 대신 하늘을 보고 씩씩하게 등교하길 바란다. 남의 눈치를 보지 않고 자기 자신을 드러내고 표현하는 데 도움이 되는 활동을 통해 당당하게 자신을 드러내도록 한다.

SNS 이용 경험 나누기
SNS를 이용했던 경험을 친구들에게 공유하면서 자신의 SNS 이용 습관을 되돌아보고 올바른 온라인 소통에 대해 생각해본다.

카카오톡	인스타 그램	트위터	틱톡	페이스북	카카오 스토리	네이버 밴드	기타

- 가장 최근에 SNS로 전송한 문자(글, 댓글), 이모티콘, 이미지, 소리 등은?

- 어떤 것을 이용해 전달했나요?

- 누구에게 전달했나요?

- 왜 이용했나요? (이용 목적)
  ex) 정보 전달, 재미, 유희, 여가 시간, 정보 공유, 말로 하지 못한 속마음 전달 등

- 어떻게 이용했나요? (이용 방법)
  ex) 글쓰기, 사진 업로드, 녹음 소리 전달, 해시태그 사용 등

- 나의 태도는 어떠했나요? (말투, 이모티콘, 인터넷 예절(네티켓) 등)

나의 부캐와 우리가 함께 만든 온라인 교실을 소개합니다~!

내면에 숨겨두고 표출되지 못한 자아를 부캐를 통해 표출한다. 마음껏 꾸미고 움직일 수 있는 어플을 통해 부캐를 만들어본다. 내면의 긍정적인 자아를 원하는 대로 제약 없이 표출하며 자기 자신을 통찰하고 카타르시스를 느끼는 것을 목표로 한다.

- ● 제페토 APP 소개

제페토*

네이버제트(Z)가 운영하는 증강현실(AR) 아바타 서비스로, 메타버스 플랫폼이다. 여기서 메타버스는 가상현실(VR)보다 한 단계 더 진화한 개념으로, 아바타를 활용해 다양한 활동을 할 수 있는 공간을 말한다. 2018년 8월 출시된 제페토는 AR 콘텐츠와 게임, SNS 기능을 모두 담고 있어 특히 10대 등 젊은 층을 중심으로 인기를 끌고 있으며, 2021년 현재 2억 명 이상의 이용자를 보유하고 있다.

★ 네이버 지식백과. 제페토(시사상식사전, pmg 지식엔진연구소)

- **내 부캐 꾸미기**

- **내 부캐에 대한 프로필 만들기**
  (이름, 성격, 장점, 잘하는 것, 취미, 좌우명, 특기, 직업 등 스토리텔링하기)

- **온라인상에 공간을 마련해 교실로 명명하고 캐릭터들 간에 접속을 공유한 후, 내 부캐를 소개하고 친구들과 한 공간에 모여 놀기**

제페토의 가상공간에서 이루어진 2021 순천향대 입학식

- **'우리 반의 부캐들이 모인 우리만의 온라인 교실은 ＿＿＿한 공간이다' 빈칸 채우기**
  ex) 유쾌한, 비난하지 않는, 모두를 아끼는, 약자가 없는, 서로 사랑하는, 모두의 개성을 존중하는 등

온라인상에서 우리 반 꾸미고 우리 반만의 네티켓 정하기

- 앱상에서 공간 꾸미기

- 모둠을 나누고 온라인상에서 실시간으로 소통하며 우리 반만의 네티켓 7계명 정하기

인터넷과 스마트폰 사용이 능숙한 아이와 능숙하지 못한 아이는 속도나 적극적인 태도 면에서 차이가 날 것이다. 교사가 모든 아이의 네트워크, 컴퓨터 문제를 해결해주는 것은 현실적으로 쉽지 않다. 모둠을 만들고 각 모둠 안에서 해결하게끔 미션을 주면, 컴퓨터를 잘 다루는 학생들에겐 자아 효능감을 북돋아주고 모둠에 속한 아이들끼리는 협동심을 기를 수 있다. 네티켓 예시를 미리 제시하여 아이들이 필요한 네티켓을 만들 수 있도록 한다.

학교폭력을 없애는 놀이 기획하기

책을 읽으며 '만약 내가 주인공이라면?'이라는 상상을 자주 한다. "내가 만약 민서네 반 담임선생님이었다면?"이라는 질문을 던졌더니, 학생들은 이 질문에 다양한 생각을 가지고 있었다. 민서의 담임선생님이 기획한 학교폭력을 없애는 놀이 기획하기 활동을 해보면 학생들의 다양한 생각을 엿볼 수 있다.

먼저 놀이의 방법을 3문장으로 요약하여 작성한다. 그리고 놀이를 위한 규칙을 작성한 후, 놀이를 가장 잘 표현할 수 있는 놀이 제목을 정한다.

학생들이 놀이를 기획할 때 참고할 수 있도록 책에 소개된 놀이를 다음과 같이 안내하는 것도 좋다.

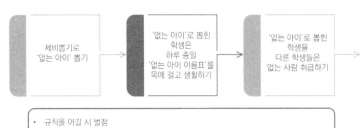

놀이를 모두 기획한 후에는 발표하는 시간을 가진다. 기획한 놀이를 우리 반에서 진행하면 어떤 효과가 있을지, 실제 적용할 수 있는 놀이인지 고민하여 발표해본다.

[체육교과와 연계하여 기획한 놀이 예시]

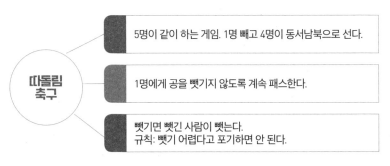

* 규칙을 어기면 다시 뺏는 사람이 된다.

[글쓰기 활동과 연계하여 기획한 놀이 예시]

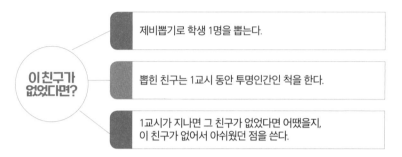

이 친구가 없었다면?

제비뽑기로 학생 1명을 뽑는다.

뽑힌 친구는 1교시 동안 투명인간인 척을 한다.

1교시가 지나면 그 친구가 없었다면 어땠을지, 이 친구가 없어서 아쉬웠던 점을 쓴다.

* 그 친구를 때리거나 폭력을 쓰지 않는다.

카드뉴스 형식의 북 트레일러 만들기

북 트레일러는 영화 예고편처럼 새로 출간된 책을 소개하는 동영상을 말한다. 영상에 익숙한 학생들에게는 다가가기 쉬운 활동이다. 하지만 동영상 제작은 학생은 물론 교사에게도 큰 부담이 된다. 그래서 학생들이 손수 그림을 그리고 글씨를 써서 카드뉴스를 만들게 한다.

북 트레일러 제작 활동에 앞서, 학생들에게 북 트레일러의 개념, 특징을 설명한다. 학생들에게 친숙한 책의 북 트레일러 영상을 보여준 후, 책의 내용을 글로 요약하는 것이 아니라 책의 핵심적인 부분을 간략하게 예고하는 것임을 알려준다.

카드뉴스 형식의 북 트레일러 제작 과정은 다음과 같다. 첫 번째, 책 속 인물의 관계를 파악하고, 두 번째로 책의 핵심 내용을 파악하며, 세 번째는 저자가 전달하는 바를 파악하고, 네 번째는 스토리보드를 작성하며, 마지막으로는 글과 그림을 적절하게 배치하여 카드뉴스 형식의 북 트레일러를 제작한다.

북 트레일러 제작 과정의 첫 번째부터 세 번째 단계까지는 4~6명의 학생들이 모여 자유롭게 이야기를 나누며 진행한다. 학생들은 책속 인물의 관계, 책의 핵심 내용, 저자의 의도 등에 대해 자유롭게 대화하면서 생각을 더욱 확장하고 책의 내용을 더 깊게 이해할 수 있다. 네 번째 단계에서는 북 트레일러에 들어갈 핵심 내용과 분량을 계획하여 스토리보드를 작성한다. 마지막 단계에서는 스토리보드에서 계획한 내용을 글과 그림으로 표현하여 결과물을 작성한다.

완성된 북 트레일러를 교실이나 학교 도서관에 전시하거나 교사가 학생들의 작품을 스캔하여 동영상으로 제작하는 것도 좋다. 같은 책에 대한 북 트레일러라도 학생들마다 인물의 관계, 특정한 사건, 여러 가지 사건의 요약, 작가의 의도 등 담고 있는 메시지가 다양하기 때문에 서로 작품을 비교하며 관람하여 책을 여러 관점에서 이해할 수 있을 것이다.

[사건들을 요약하여 제시한 북 트레일러 예시]

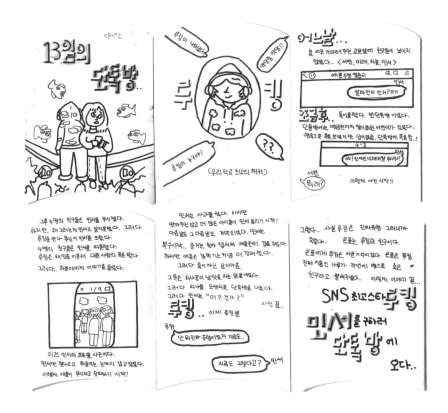

[인물의 특징을 중심으로 제작한 북 트레일러 예시]

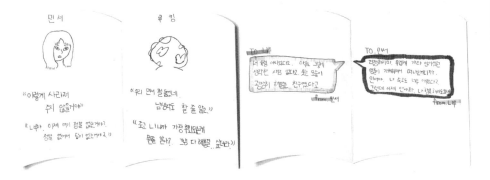

친구사랑톡

자신과 주변을 돌아볼 수 있는 '친구사랑톡'이라는 활동을 제안한다. 학교폭력의 심각성을 깨닫고 직접 민서의 입장에서 공감한 아이들은 이 활동을 진지하게 받아들일 것이다.

그런 이유로 수업 중 활동보다는 아이들에게 과제로 내주는 편이 더 좋았다. 반 누군가와 한 번도 대화를 나누지 않았으면 오늘 용기를 내어 연락해보고 친구사랑톡에 그 내용을 적는 과제를 내주었다. 친구사랑톡 활동지는 묶어서 제본하여 책으로 엮으면 아이들끼리 돌려 보면서 친구의 생각과 감정을 배려하게 된다.

친구사랑톡

다연아 힘든 건 담아두지 말고 훌훌 털어

그게 바로 고민이야

다연 그래 고마워. 나를 걱정해줘서

응 항상 고마워

다연 나도

친구사랑톡

친구 나는 요즘에 학업 스트레스가 있어

하긴 요즘에 다양한 학원들이 있으니까

친구 나는 학원 4개 하는데
넌 몇 개 다녀?

난 2개 다녀

친구사랑톡

너 요즘 힘들어?

아까 표정이 영 좋지 않더라

친구 응 학업 스트레스 때문에
너무 힘들고 지쳐 -_-

아 그랬던 거구나. 하지만 너는 공
부도 잘하고 모든 걸 극복하잖아!
조금만 견뎌. 힘들면 나한테 기대.
내가 힘이 돼줄게!

친구 감동이야!! 그래 힘이 들 땐 기대고
행복을 얻는 거야. 니가 힘이 되어
주었어. 정말 고마워!!

친구사랑톡

친구 친구야 나 요즘 친구들과 다툼이 있어

아 그래. 그러면 친구들한테 너의 마음
을 말하고 서로 마음을 알아봐.

친구 알겠어. 내 이야기 들어줘서 고마워

아니야. 당연히 들어줘야지

느타리버섯 키우기

민서가 자기도 모르게 고개를 숙이고 위축되어 따돌림당할 만한 이유를 스스로 만들어내어 자신을 비하하는 장면이 있다. 한편 똑같은 환경에서 자라더라도, 아름다운 음악을 듣고 자란 나무는 무성하게 크고 소음과 욕설을 들으며 자란 나무는 말라 죽었다는 이야기가 나온다.

민서처럼 따돌림받는 아이뿐만 아니라 가해자들도 사랑을 담아 정성을 들이는 경험을 하면 좋겠다고 생각했다. 느타리버섯은 물을 주고 비닐봉지만 잘 덮어놓으면 눈 깜짝할 새에 자라는데, 시중에서 손쉽게 키트를 구할 수 있다. 학생들에게 느타리버섯의 효능과 쓰임에 대해 설명해주고, 키우는 방법을 알려준다. 그리고 느타리버섯에 각자 이름을 지어주게 한다. 학생들은 하루에 한 번씩 물을 주면서 버섯이 잘 자라길 바라는 마음을 담아 칭찬과 격려를 해주

학교 도서관에서 온 작품 읽기

게끔 한다. 어느새 작은 느타리가 주먹만큼 자라면, 아이들은 생명에 대한 경외심을 가질 뿐만 아니라 버섯을 키워낸 자신에게도 뿌듯함을 느끼게 된다.

같이 고민하고 함께 해결하기

폭력은 부정적인 분위기를 조성하며 금방 전염된다. 모 교육청에서 학교폭력을 예방하기 위한 방안으로 '학교폭력 멈춰' 프로그램을 제안했는데, 오히려 실소를 자아내는 인터넷 밈이 되고 말았다. 학교폭력이 발생하면, 다수의 학생을 방관자가 아닌 방어자로 참여시켜 학교폭력을 줄이고 예방하기 위한 취지에서 만들었다고는 하는데, 전형적인 탁상공론에 지나지 않아 효력이 없다. 취지는 좋지만, 학교폭력은 갑자기 어느 시점에서 시작되어 한번에 끝낼 수 있는 것이 아니다. 게다가 멈추라고 해서 멈출 것이라면 학교폭력의 고리가 지금까지 이어지지는 않았을 것이다.

그보다는 학교라는 특수한 사회에서 학교의 구성원들이 합심해 학생 개개인에게 관심을 갖는다면 폭력에서 해방된 세상을 만들 수 있지 않을까 한다.

● '나'라면 어떤 행동을 할지, 각자 친구의 상처를 보듬어주기 위해 해야 할 역할에 대해 이야기 나누어봅시다.

교사	학생		학부모	외부기관
	이해당사자			
	가해자	피해자		
	주변인			

보드게임 활용하기

    보드게임인 이매진, 콘셉트, 피에스타를 활용하여 아이들과 독서 보드게임을 하는 것도 흥미를 불러일으킨다. 이 보드게임은 보드게임의 스테디셀러로, 마니아들 사이에서는 굉장히 유명하다. 이매진은 투명한 카드를 겹쳐서 퀴즈를 내는 게임으로, 핵심어 관련 활동에 적합하다. 학생들이 책을 읽고 각자 중요한 단어를 정해서 그 단어를 퀴즈로 내면, 투명 카드만 보고 그 단어가 무엇인지 맞추는 활동이다. 단순하긴 하지만 생각이나 느낌을 표현하기는 어렵고, 인상 깊은 장면을 표현하거나 등장인물을 퀴즈로 내기에 적합하다.

    콘셉트는 이매진보다 조금 더 복잡하긴 하지만, 입체적으로 다양한 그림 코드를 활용하여 자신이 정한 핵심어를 나타낼 수 있다. 코드를 추가해가며 단어를 맞추도록 유도한다는 점에서 이매진과 콘셉트를 섞어서 활용하면 더 재미있게 활동할 수 있다.

마지막으로 피에스타는 중요 단어를 적은 뒤 비슷한 문장으로 바꾸고 마지막에 바꾼 단어를 보고 처음 단어를 맞추는 게임이다. 비슷한 게임으로는 텔레스트레이션이 있는데, 단어를 그림으로 표현하고 이어 그리기 하는 것이다. 게임이 끝난 후 단어가 그림으로 어떻게 바뀌었는지 살펴보면 아주 재밌다. 피에스타 게임은 조금 어렵지만 보드게임을 다양하게 체험해본 뒤 시도해볼 만한 활동이다.

이렇게 보드게임을 활용해서 수업하는 것만으로도 아이들은 흥미를 느낀다. 교사도 아이들과 함께 웃으면서 자연스럽게 책과 더불어 대화할 수 있어서, 수업과 보드게임을 다양하게 접목해서 활용하면 좋다.

이야기톡 활용하기

보드게임 '이야기톡'을 활용하여 아이들과 다양하게 책과 관련된 이야기를 해볼 수도 있다.

먼저 책을 다 읽은 아이들과 루킹의 이야기 상상하기를 진행한다. 루킹의 이야기는 책에는 일부만 실려 있어서, 과거에 어떤 일을 겪었는지 상상해서 이야기를 꾸며볼 수 있다. 루킹이 아파서 친구가 없었는데 먼저 말을 건네준 친구에게 고마움을 느꼈다는 사실만으로도 아이들은 다양한 이야기를 만들어냈다. 이야기가 맥락에 잘 맞으면 이야기 기차를 이어갈 수 있도록 하고, 뜬금없는 이야기에는 카드 2장을 벌칙으로 주는 식의 규칙을 만든다.

민서의 이야기는 책 내용을 바탕으로 이야기를 진행해야 하므로, 내용을 자세하게 알고 있는 아이들에게 유리하다. 책을 근거로 민서가 겪은 이야기를 다시 돌아보며 민서의 감정을 중점적으로 이야기해보기에 좋다.

이렇듯 학생들은 이야기 만들기에 참여하면서 책 내용에 감정이입을 하기 쉽고, 다시 한번 책을 읽어보며 다른 친구가 이야기한 부분을 확인하기도 한다.

지금까지 소개한 바와 같이 이야기톡은 독서와 찰떡궁합인 보드게임이다. 그림을 자세히 보며 책 속 장면과 연결해볼 수 있고, 마음껏 상상하기에 도움을 주는 요소가 다양하다. 줄거리를 이야기해보라고 하면 어른들도 난감해서 생각이 잘 정리되지 않는 경우가 있는데, 그림 카드를 보며 주요 장면을 떠올리면 줄거리 정리에 도움이 된다.

함께 풀어요, 독서 퀴즈!

 **객관식 문제**

Q1 카톡방에 나타나 아이들의 비밀을
폭로하고 홀연히 사라지는 해커의
이름은 무엇인가요?

① 중구
② 나경
③ 루킹
④ 민서

Q2 다음 중 '예쁜 우정 영원히♥' 단톡방
에 속하지 않은 사람은 누구인가요?

① 서연
② 하늘
③ 미래
④ 중구

Q3 다음 중 민서가 반 아이들에게 당한
괴롭힘은 무엇인가요?

① 돈 뺏기
② 은따
③ 때리기
④ 성희롱

Q4 루킹이 다른 톡방을 몰래 보기 위해
사용한 방법은 무엇인가요?

① 유령 모드
② 투명 모드
③ 몰래 모드
④ 친구 모드

Q5 반 아이들이 민서를 괴롭힌 이유는 무엇인가요?

① 민서의 말투가 별로여서
② 민서의 키가 작아서
③ 민서의 프로필 사진이 마음에 안 들어서
④ 민서가 공부를 잘하는 것이 부러워서

Q6 익명 톡방에서 민서는 어떤 별명으로 불렸나요?

① 앱 공주
② 도날드
③ 제이디
④ 레온

Q7 민서보다 먼저 괴롭힘을 당한 지석이가 괴롭힘에서 벗어나기 위해 한 행동은 무엇인가요?

① 맞서 싸우기
② 선생님과 상담하기
③ 경찰에 신고하기
④ 전학 가기

Q8 민서가 루킹을 부를 때 쓴 별명이 아닌 것은 무엇인가요?

① 천하의 악동
② 하얀 천사
③ 악질 해커
④ 지옥에서 온 악마

Q9 은따를 당하며 민서의 자세와 행동은 어떻게 변했나요?

① 어깨를 활짝 펴고 걸었다.
② 고개를 젖히고 크게 웃었다.
③ 몸을 잔뜩 웅크렸다.
④ 밝은 얼굴로 친구들을 대했다.

Q10 민서가 캡처한 단톡방 대화 이미지를 올렸을 때 반 아이들이 한 말이 아닌 것은 무엇인가요?

① 뭐. 신고라도 하게? 이까짓 게 증거라도 되나?
② 내가 잘못했어. 신고하지 말아줘.
③ 아이고~ 무서워라~^^
④ 우리가 욕을 했어. 때렸어?

Q11 민서가 캡처한 단톡방 대화 이미지를 올린 후 초조해하고 있을 때 일어난 일은 무엇인가요?

① 반 아이들이 몰려와 협박했다.
② 반 아이들이 직접 찾아와 사과했다.
③ 반 아이들이 찾아와 민서의 핸드폰을 뺏었다.
④ 반 아이들이 톡이 아닌 문자로 변명을 늘어놓았다.

Q12 루킹의 진짜 이름은 무엇인가요?

① 지수
② 민수
③ 나루
④ 경민

학교 도서관에서 온 작품 읽기

Q13 민서가 루킹에게 만나자고 했을 때 루킹이 거절할 수밖에 없었던 이유는 무엇인가요?

① 이미 죽어 만날 수 없어서
② 학원에 가느라 시간이 없어서
③ 외모에 자신이 없어서
④ 만나면 민서가 귀찮게 굴까 봐

Q14 루킹이 괴롭힘을 당할 때 도움을 준 학생의 이름은 무엇인가요?

① 지민
② 은표
③ 종우
④ 나영

Q15 다음 중 루킹에 의해 일어난 사건이 아닌 것은 무엇인가요?

① 종우와 나영이 사귀다가 깨졌다.
② 동주와 성진이 루킹 때문에 싸우다가 집단 싸움을 일으켰다.
③ 5학년 2반 선생님이 체육 선생님과 사귄다고 소문이 났다.
④ 교장 선생님이 대머리라고 소문이 났다.

Q16 민서가 모든 사건을 선생님께 말씀드렸을 때, 선생님이 보여준 물건은 무엇인가요?

① 귀여운 인형
② 편지 두 장
③ 학생들의 반성문
④ 전학 신청서

QUIZ(?) 주관식 문제

Q1 대응하면 욕먹고, 대응 안 하면 건드리는 민서의 상황을 두고 루킹이 말한 한자성어는 무엇인가요?　　　　　　　　　　　답: (　　　　　　　)

Q2 민서가 괴롭힘을 당했던 기간은 며칠이었나요?　　　　답: (　　　　일)

OX 퀴즈

Q1 루킹의 진짜 정체는 프로그램이다. (O / X)

Q2 담임선생님이 새롭게 단톡방을 만들고 포기하지 말자고 했을 때 아이들은 전혀 동의하지 않았다. (O / X)

객관식 문항

Q1	답	③ 루킹
	관련 내용	루킹. 잊을 만하면 카톡방에 나타나 아이들의 비밀을 폭로하고 홀연히 사라지는 해커. 10p.
Q2	답	④ 중구
	관련 내용	등장인물 페이지 참조. 9p.
Q3	답	② 은따
	관련 내용	'은따! 맞다 은따! 은따다, 은따! 나 은따네!' 48p.
Q4	답	① 유령 모드
	관련 내용	유령 모드로 친구들의 채팅방을 훔쳐보면 어떻게 된 일인지 금세 알 수 있을 것 같았다. 55p.
Q5	답	③ 민서의 프로필 사진이 마음에 안 들어서
	관련 내용	민서의 새 프로필은 넷이 함께 찍은 사진이었다. 민서만 잘 나온 데다 하늘이는 눈까지 감고 있었다. 서연이가 흥분해 민서를 욕했고, 마침 오픈 톡방에서 누군가 그 이야기를 했고, 아이들 사이에 민서와 어울리지 말자는 분위기가 퍼졌다. 68p.
Q6	답	① 앱 공주
	관련 내용	자신이 익명방 속 앱 공주라는 사실을 믿을 수 없었다. 81p.

	답	④ 전학 가기
Q7	관련 내용	지석이를 만난 일은 행운이었다. 민서에게 전학이라는 새로운 길이 보이는 듯했다. 94p.
	답	② 하얀 천사
Q8	관련 내용	천하의 악동! 악질 해커! 지옥에서 온 악마! 106p.
	답	③ 몸을 잔뜩 웅크렸다.
Q9	관련 내용	자신도 모르게 몸을 잔뜩 웅크리고 있었다. 예전에는 시끄럽다고 핀 잔을 들을 정도로 고개를 젖히고 크게 웃어 댔었다. 언제부터인가 고 개를 숙이고 걷는 자세가 익숙해졌다. 거울 속의 민서는 더 이상 웃고 있지 않았다. 가만히 있어도 어두웠다. 117p.
	답	② 내가 잘못했어. 신고하지 말아줘.
Q10	관련 내용	예상대로 아이들은 앱 공주는 민서가 아니고 민서를 괴롭힌 적이 없 다고 우기기 시작했다. 민서는 아이들 말에 대응하지 않고 앱 공주 이 야기를 하며 민서를 공격하는 내용도 잘라 올렸다. 140~142p.
	답	④ 반 아이들이 톡이 아닌 문자로 변명을 늘어놓았다.
Q11	관련 내용	톡이 아닌 문자가 왔다. 명단에 있는 아이들이었다. 루킹의 말대로 아 이들은 겁에 질려 있었다. 경민이가 나섰을 때부터인지도 모른다. 아 이들은 단톡방에서와는 전혀 다른 태도로 구구절절 변명을 늘어놓았 다. 147p.
	답	③ 나루
Q12	관련 내용	민서는 루킹이 나루라는 확신이 들었다. 159p.
	답	① 이미 죽어 만날 수 없어서
Q13	관련 내용	그래, 그게 나야. 죽어서는 같은 반 했던 애들 톡이나 훔쳐보고, 복수 랍시고 약점 잡아서 여기저기 퍼뜨리고. 그게 나라고. 166p.
	답	② 은표
Q14	관련 내용	하지만 은표가 인사를 하거나 말을 걸 때만큼은 따뜻해지는 거야. 얼 음이 녹듯이. 169p.
	답	④ 교장 선생님이 대머리라고 소문이 났다.
Q15	관련 내용	종우와 나영이는 사귀다가 루킹 때문에 깨졌고, 동주와 성진이는 루 킹 때문에 싸우다가 집단 싸움을 일으켰다. 5학년 2반 선생님은 체육 선생님과 사귄다고 소문이 났다. 156p.
	답	② 편지 두 장
Q16	관련 내용	선생님은 민서에게 편지 두 장을 내밀어 보였다. 162p.

주관식 문항		
Q1	답	계륵
	관련 내용	계륵이로구나. 먹을 수도 뱉을 수도 없어. 흠흠. 113p.
Q2	답	13, 십삼
	관련 내용	민서는 자라기도 전에 늙어버린 기분이었다. 겨우 13일 동안 말이다. 151p.

OX 퀴즈		
Q1	답	X
	관련 내용	나 사실… 프로그램이야. 6학년 애들만 타깃으로 삼은 게 아니야. 프로그램이라 다음엔 5학년, 그다음은 4학년으로 내려가며 순차적으로 실행될 예정이지. 153p.
Q2	답	X
	관련 내용	아이들이 하나둘 동의하는 글을 올렸다. 178p.

독서 퀴즈 수업 후기

과도한 학습량에 지쳐서 스스로 생각해야 하는 공부에 부담을 느끼는 학생들이 많기 때문에 독서 퀴즈를 제시하면 어렵게 느낄 수도 있을 거라 생각했다. 하지만 학생들은 가벼운 퀴즈 게임에 흥미를 느끼고 오히려 적극적으로 참여하였다.

학생들에게 문제지를 나누어주고 기억을 되짚어 문제를 풀거나 헷갈리면 책을 찾아보도록 안내하는 것도 좋다. 책에서 정답을 찾을 수 있다는 점이 학생들에게는 부담을 덜어주기도 한다.

활동 시간이 끝나고 함께 문제지의 답을 맞춰보는 시간을 가지면서 학생들에게 답이 무엇인지 묻고, 책의 어느 부분에 그 답이 나오는지도 같이 찾아본다. 이 과정에서 책을 제대로 읽지 않았던 학생들도 책의 전반적인 내용을 알게 되어 독서 후 활동에 큰 도움이 된다. 그러므로 책을 읽은 후에는 독서 퀴즈를 통해 책 내용을 되새기는 과정을 밟으면 좋다.

짝궁 퀴즈로 진행한 독서 골든벨

페이지 순서에 따라 독서 퀴즈를 두 부분으로 나누어서 1차 독서 중 활동(처음~58쪽)과 2차 독서 후 활동(59~끝)으로 진행했다. 아이들에게 보드판을 나누어 주고 짝꿍끼리 골든벨 형식으로 진행하자, 아이들 얼굴에 웃음이 사라지고 긴장감이 돌았다. 혼자 맞추는 퀴즈가 아니라 책의 주제에 맞게 짝꿍과 함께 풀게 하니 부담이 덜한 것 같았다. 퀴즈를 풀면서 아이들은 책을 읽고도 모르거나 그냥 지나친 내용이 있음을 깨달았다. 중간에 책 내용을 짚어주면 아이들이 책을 더 꼼꼼히 읽을 수도 있다.

5장

《13일의 단톡방》을
국어 수업 속으로

독서 단원 수업 방법

'독서 단원'이란?

'온 작품 읽기' 활동을 포함하여 모든 독서는 읽은 책의 내용을 자신의 삶에 대입하고 응용해야 그 의미가 있다. 《13일의 단톡방》은 학교폭력과 사이버 윤리 의식에 대해 질문을 던지는 책이다. 따라서 학생들이 스마트폰 및 단톡방을 어떻게 사용해야 할지, 혹은 피해자가 어떤 감정을 느낄지 생각하고 그 생각을 표현하는 과정을 거칠 필요가 있다.

초등학교 국어 교과의 독서 단원은 '온 작품 읽기'를 정규 수업 시간에 적용하도록 만든 것이다. 이를 활용하여 학생들에게 체계적인 독서 방법을 지도할 수 있지만, 대개의 교사는 막연하게 느끼거나 가르치기 어려워한다. 지도서의 내용이 교사의 자율에 맡기고 있기에, 독서 단원 수업의 예를 소개해보려 한다.

학교 도서관에서 온 작품 읽기

독서 단계별 수업 방법

독서 단원은 독서 전·중·후 단계에 맞추어 설계되어 있어서 독자가 자료를 선택하고 독서를 끝낸 후 자신의 생각을 정리하는 과정까지 3단계로 나누어 학생들이 체계적으로 독서 습관을 익힐 수 있도록 돕는다. 각 단계별로 교사가 중점을 두고 가르쳐야 하는 내용은 다음과 같다.

먼저 독서 전 단계에서는 책에 대한 궁금증을 유발하고 독서 의욕을 끌어올린다. 책 표지나 차례를 바탕으로 질문을 만들어보거나, 책 내용과 관련하여 이미 알고 있는 것, 알고 싶은 것 등을 떠올릴 수 있다.

독서 중 단계에서는 책 내용에 알맞은 읽기 방법을 바탕으로 독서에 집중하는 태도를 길러주어야 한다. 설명하는 글이나 주장하는 글 등 비문학을 읽는다면 비판하며 읽는 태도를 이야기가 있는 소설을 읽는다면 주인공과 그를 둘러싸고 있는 상황에 공감하며 읽는 자세를 갖추어야 할 것이다.

마지막으로 독서 후 단계는 책을 모두 읽은 후 책의 전반적인 내용과 그 주제를 파악하고 그 생각을 펼치는 것이다. 독후감을 작성하거나 학급 친구들과의 토론 활동, 자신의 생각을 담은 예술작품을 만들 수 있다.

다음의 지도안은 '초등 국어 6-1 가' 독서 단원 중 독서 전과 후 활동 1개씩을 선정하여 계획한 것이다. 먼저 독서 전 활동으로 책의 표지와 차례를 바탕으로 책의 내용을 예측해보는 활동을 준비했다. 학생들이 책을 읽기 전에 내용에 대한 궁금증을 키워 자연스럽게 책을 읽고 싶은 욕구를 느끼게 하는 과정이다. 독서 후 활동으로는 포스터 만들기를 진행했는데, 이를 통해 학생들은 자신의 생각을 타인에게 전달하는 포스터의 효과를 알 수 있다. 책의 주제에 대한 자신의 생각은 어떠한지 고민하고 사이버폭력 문제를 해결할 수 있는 창의적인 방법을 고안하여 포스터로 창작하게 한다. 포스터를 발표하고 이에 대한 질문 및 피드백을 통해 독서 토론 · 토의의 효과도 볼 수 있다.

[독서 전 활동 수업 지도안]

가. 본시 교수 · 학습 개요

단원	국어 6-1 가 책을 읽고 생각을 넓혀요	대상	6학년	장소	도서관
학습 주제	책 내용을 바탕으로 포스터 만들기			교과서	국어 6-1 가 14쪽
				보조교과서	–
학습 목표	표지와 차례를 바탕으로 책 내용을 예측할 수 있다.				
교과 역량	비판적·창의적 사고 역량				
수업 전략	교수 학습 모형		문제 해결 학습 모형		
	학습 집단 조직		전체 활동 → 개별 활동 →전체 활동		
	자료활용	교사	PPT, 온 작품 읽기용 도서, 유튜브 영상		
		학생	온 작품 읽기용 도서, 활동지		
수업 주안점	◆ 책 표지가 담고 있는 다양한 정보를 찾아낼 수 있도록 지도한다. ◆ 학생들이 예상하는 책 내용에는 정답이 없음을 강조하여 학생 개인의 창의적인 상상이 이루어질 수 있도록 돕는다.				

나. 지도 과정

단계	학습 내용	교수·학습 활동	시간	자자료 ㉨유의점
문제 확인 하기	동기 유발	◆ **학습 동기 유발하기** • SNS 사용 경험 이야기하기 ◦SNS 애플리케이션을 사용한 적이 있나요? 　- 카카오톡으로 친구들과 연락을 주고받습니다. 　- 페이스북에 사진과 글을 올리고 댓글을 답니다. ◦우리가 일상 속에서 사용하는 SNS 속에서도 폭력 　이 일어날 수 있다는 것을 알고 있나요? 　- 사이버폭력이라고 합니다. • 사이버폭력 피해자 체험 동영상 시청하기 ◦동영상을 보고 피해자가 느낄 기분이나 감정을 상 　상해봅시다. 　- 막막할 것 같습니다. 　- 주변에 도움을 청하고 싶을 것 같습니다.	5′	㉨학생들이 자유롭게 발표할 수 있게 허용 적인 분위기를 조성 한다. 자유튜브 영상
	공부할 문제 확인	◆ **공부할 문제 확인하기** ◦ 다 같이 공부할 문제를 알아봅시다. ♣ 표지와 차례를 바탕으로 책 내용을 예측해봅시다.		
	학습 활동 안내	◆ **학습 활동 안내하기** 【**활동 1**】책 표지 분석하기 【**활동 2**】책 차례와 삽화 분석하기 【**활동 3**】책 내용 예측하기		
문제 해결 방법 찾기	예시 작품 보기	◆【**활동 1**】**책 표지 분석하기** • 책 표지에 담긴 정보 찾아내기 ◦ 책의 표지에는 어떤 정보들이 담겨 있을까요? 　- 제목이 있습니다. 　- 그림이 보입니다. 　- 글쓴이와 출판사가 있습니다. ◦ '13일의 단톡방'이라는 제목을 보고 그 의미를 생 　각해보세요. 　- 13일 동안 어떤 사건이 일어나는 것 같습니다. 　- 단톡방에서 일어나는 학교폭력에 대한 이야기일 　　것 같습니다. ◦ 표지의 그림을 보고 내용을 상상해봅시다. 　- 가운데에 있는 두 학생이 피해자일 것 같습니다. 　- 피라냐가 둘러싸고 있는 모습을 보니 여러 가해자 　　가 있는 것 같습니다.	10′	자온 작품 읽기용 도서 ㉨실제 도서를 나눠준 뒤 수업을 진행한다.

단계	학습 내용	교수·학습 활동	시간	쟤자료 ㈜유의점

문제 해결 하기	포스터 만들기	◆【활동 2】책 차례와 삽화 분석하기
		• 책의 차례 중 마음에 드는 부분 고르기
		ㅇ 책의 차례를 보고 흥미롭거나 재밌어 보이는 부분을 고르고 그 이유도 적어보세요.
		  - '범인 없는 살인 사건'이 가장 궁금합니다. 그 이유는 실제로 살인 사건이 일어나는지 알고 싶기 때문입니다.
		• 책의 삽화 중 마음에 드는 부분 고르기
		ㅇ 책을 펼쳐 삽화를 찾아보며 가장 마음에 드는 장면을 고르고 어떤 장면일지 상상해보세요.
		  - 저는 주인공이 울먹거리는 장면을 골랐습니다. 반 친구들이 주인공을 괴롭혀 힘들어하는 장면 같습니다.
		  - 저는 절벽에 매달려 있는 주인공을 다른 남자아이가 구해주는 장면을 골랐습니다. 힘들어하는 주인공이 도움을 받는 장면 같았습니다.
			10′	쟤온 작품 읽기용 도서, 학습지
				
				㈜삽화를 고르는 중 책 내용을 읽지 않도록 주의한다.

일반화 하기	질문 만들기	◆【활동 3】책 내용 예측하기
		• 분석한 정보를 바탕으로 책 내용 예측하기
		ㅇ 책 표지와 차례, 삽화를 보며 상상한 것들을 바탕으로 책의 간단한 줄거리를 상상하여 작성해봅시다.
		  - 주인공이 사이버폭력을 당하다 후드 쓴 남자아이에게 도움을 받아 해결할 것 같습니다.
		  - 13일 동안 단톡방에서 사이버폭력을 당하다 이겨내는 이야기일 것 같습니다.
		
		[과정 중심 평가] [관찰] 분석한 정보를 바탕으로 책의 내용을 예측할 수 있는가?
			10′	쟤온 작품 읽기용 도서, 학습지
				㈜내용을 예상하는 것은 정답이 없음을 강조한다.

	정리 하기	◆ 학습 내용 정리하기 • 배운 내용 정리하기 ㅇ 오늘 수업 중 가장 기억에 남는 내용은 무엇인가요? - 책 내용을 예측해본 것입니다.	5′	
	차시 예고	◆ 차시 예고하기 ㅇ 다음 시간에는 스스로 예측한 내용이 맞는지를 생각하며 독서 시간을 갖도록 하겠습니다. ♣ 예측한 내용을 생각하며 독서하기.		

학교 도서관에서 온 작품 읽기

[독서 후 활동 수업 지도안]

가. 본시 교수 · 학습 개요

단원	국어 6-1 가 책을 읽고 생각을 넓혀요	대상	6학년	장소	도서관
학습 주제	책 내용을 바탕으로 포스터 만들기			교과서	국어 6-1 가 24쪽
				보조교과서	-
학습 목표	책 내용을 바탕으로 포스터를 만들 수 있다.				
교과 역량	비판적·창의적 사고 역량				
수업 전략	교수 학습 모형		문제 해결 학습 모형		
	학습 집단 조직		전체 활동 → 개별 활동 →전체 활동		
	자료활용	교사	PPT, 온 작품 읽기용 도서		
		학생	온 작품 읽기용 도서, 5절지, 색연필, 사인펜		
수업 주안점	◆ 책에서 다루는 문제 상황과 그 해결책을 모둠원과 상의하여 포스터에 담아낼 수 있도록 지도한다. ◆ 포스터의 예시 작품을 많이 제시하여 학생들의 포스터의 제작에 대해 이해할 수 있도록 돕는다. ◆ 학생들이 충분히 활동할 수 있도록 80분을 묶어 수업을 진행한다.				

나. 지도 과정

단계	학습 내용	교수·학습 활동	시간	자자료 ㉴유의점

문제
확인
하기
	동기
	유발
		◆ **학습 동기 유발하기**
		• 자신의 의견을 전하는 방법 생각해보기
		ㅇ 내 생각이나 의견을 다른 사람에게 전하는 방법으로 어떤 것이 있을까요?
		  - 주장하는 글을 씁니다.
		  - 영상을 찍어 올립니다.
		ㅇ 종이 한 장으로 내 생각을 전하는 방법을 알아보도록 하겠습니다.
			5′	㉴학생들이 자유롭게 발표할 수 있게 허용적인 분위기를 조성한다.

	공부할 문제 확인	◆ **공부할 문제 확인하기** ㅇ 다 같이 공부할 문제를 알아봅시다.		

단계	학습 내용	교수·학습 활동	시간	자자료 ㉺유의점
문제 확인 하기	학습 활동 안내	♣ 책 내용을 바탕으로 포스터를 만들어봅시다. ◈ 학습 활동 안내하기 【활동 1】사회 문제를 알리는 포스터 살펴보기 【활동 2】읽은 책 내용을 바탕으로 포스터 만들기 【활동 3】포스터 소개하기		

문제
해결
방법
찾기
	예시
	작품
	보기
		◈【활동 1】사회 문제를 알리는 포스터 살펴보기
		• 포스터를 살펴보고 내용 분석하기
		ㅇ 포스터에서 어떤 내용을 찾을 수 있나요?
		  - 연기가 나오는 공장의 모습이 있습니다.
		  - 우리가 무엇을 마시는지에 대해 알려주고 있습니다.
		  - 자전거 바퀴가 보입니다.
		ㅇ 포스터를 만든 사람은 무슨 이야기를 하고 싶은 걸
		  까요?
		  - 공기 오염 문제가 심각함을 알리고 싶은 것 같습
		  니다.
		  - 공기를 깨끗하게 만드는 방법을 알려주고 싶은 것
		  같습니다.
			10′	자포스터
				㉺포스터를 인쇄하여
				  실물로 보여준다.

문제
해결
하기
	포스터
	만들기
		◈【활동 2】읽은 책 내용을 바탕으로 포스터 만들기
		• 다음 내용을 생각해 포스터 만들 준비하기
		ㅇ 무엇을 알리려는 포스터인가요?
		  - 사이버폭력을 없애자는 내용입니다.
		ㅇ 누구를 대상으로 하나요?
		  - 초등학생입니다.
		  - 초·중·고 학생들입니다.
		ㅇ 어떤 그림이나 글을 넣고 싶나요?
		  - 스마트폰 그림을 넣고 싶습니다.
		  - SNS를 하는 모습을 그리고 싶습니다.
		• 읽은 책 내용을 바탕으로 포스터 만들기
		ㅇ 모둠별로 모여 계획한 내용을 바탕으로 포스터를
		  꾸며봅시다.
		
		┌─────────┬──────┬────────────────────┐
		│ 과정
		중심
		평가 │ 관찰 │ 책의 내용과 관련된 포스터를
		만들 수 있는가? │
		└─────────┴──────┴────────────────────┘
			40′	자5절지, 색연필, 사인펜
				
				㉺포스터를 만드는 중
				  순회지도하며 피드
				  백을 제공한다.

단계	학습 내용	교수·학습 활동	시간	자자료 ㈜유의점
일반화 하기	질문 만들기	◆【활동 3】포스터 소개하기 • 모둠별로 만든 포스터 발표하기 ㅇ 모둠별로 어떤 내용의 포스터를 만들었는지 발표해 봅시다. - 우리 주변의 사이버폭력을 알리는 내용의 포스터를 만들었습니다. - SNS 사용 방법을 알리는 포스터를 만들었습니다. • 친구가 발표한 포스터에 질문하기 ㅇ 발표한 내용에 궁금한 점이 있다면 이야기해봅시다.	20′	자포스터 ㈜순회지도하며 피드 백을 제공한다.. ㈜비난하는 내용의 질 문이 나오지 않도록 유의한다.
	정리 하기	◆ 학습 내용 정리하기 • 배운 내용 정리하기 ㅇ 오늘 수업 중 가장 기억에 남는 내용은 무엇인가요? - 직접 포스터를 만들었던 기억이 납니다. ㅇ 책을 읽고 든 자신의 생각을 알릴 수 있게 되었나요? - 네	5′	
	차시 예고	◆ 차시 예고하기 ㅇ 다음 시간에는 지금까지의 독서 활동을 돌아보는 시간을 갖도록 하겠습니다..		
		♣ 독서 활동 돌아보고 평가하기		

독서 단원 수업 후기

독서 단원 수업을 계획하며

독서 단원 수업을 진행하며 가장 중요하게 여겨야 할 점은 학생들의 생활과 가장 밀접한 주제의 도서를 선정하는 것이다. 초등학교 고학년의 경우 사춘기가 시작되면서 친구와의 관계에서 어려움을 겪는 경우가 많다. 그중 학교폭력 상황을 살펴보면 신체적 폭력보다 왕따 문제나 폭언 등이 훨씬 많은 비중을 차지하는 것을 알 수 있다.

요즘 사이버폭력 문제가 대두되면서 대부분의 초등학생이 스마트폰을 가지고 있기 때문에, SNS상에서 사이버폭력에 노출되기 쉽다. 피해를 당하고도 창피하거나 두려워서 도움을 요청하지 못하는 학생도 있을 것이다. 《13일의 단톡방》은 숨어 있는 피해 학생들에게 힘과 용기를 주고 가해자에게도 반성의 기회가 될 것이다.

독서 전, 학생들의 독서 의욕을 높여라

우선 책의 주제를 소개하는 시간을 가졌다. 책 소개를 하기 전에, 학생들에게 학교폭력과 사이버폭력에 대한 뉴스를 보여주었다. 처음에는 웃고 떠드는 학생들이 많았으나 영상 내용이 심각해지자 점점 집중하는 모습을 보였다. 언제든지 피해자가 될 수 있고, 자신도 모르는 새 가해자가 될 수 있다는 점을 강조했다.

주변 사람뿐만 아니라 알지 못하는 사이버상의 사람들까지 24시간 나를 괴롭힌다면 어떤 방법으로 이를 해결할 수 있을지 학생들에게 물었더니, 경찰에 신고하거나 117에 전화하기, 담임선생님에게 알리기 등을 답했다. 하지만 피해자들이 왜 그런 도움을 요청하지 못하는지 묻자, 쉽사리 대답하지 못했다. 그 이유는 바로 두려움이라는 사실을 알려주고, 사이버폭력의 피해자들이 느끼는 두려움에 대해 간략히 설명한 뒤 수업을 이어나갔다. 이렇게 학생들은 주제가 가볍지 않다는 것을 깨닫고 수업에 임하게 되었다.

독서 중, 책과 가까워지는 시간 가지기

학생들에게 책을 나눠주기 전에 책 표지를 분석했다. 표지에 나온 두 사람은 각각 어떤 역할일지, 바닥에 보이는 스마트폰이나 둘을 감싸고 있는 피라냐 등의 의미에 대해 이야기하며 학생들은 책 내용에 대한 궁금증을 키웠다. 또한 차례를 살피며 흥미롭거나 중요해 보이는 장면은 어디인지, 그 이유는 무엇인지에 대해 생각해 보기도 했다.

이렇게 여러 가지 이야기를 진행하면서 학생들이 어느새 책을 읽고 싶어 안달이 났을 시점에 독서를 시작했다. 책을 학생들에게 나누어주며 몰입 독서의 중요성을 강조하였다. 책과 나 사이에 아무것도 두지 않고 집중하게끔 25분의 시간을 정해두고 독서를 시작했다. 학생들은 그 시간을 의식하며 꽤 집중하는 모습을 보여주었다.

독서 후, 책이 전달하는 내용 이해하기

독서를 마친 후에는 독서 후 활동을 진행하였다. 삽화를 바탕으로 책의 내용을 다시금 떠올리고 작가가 전하려는 주제는 무엇인지에 대해 이야기를 나누었다. 학생들은 'SNS 폭력을 멈추자', '올바른 사이버 문화를 만들자' 등을 비롯하여 '괴롭힘당하는 친구를 방관하지 말자'라는 의견도 내놓았다. 책의 주제에는 정답이 없다고 생각하므로, 학생들이 생각한 바가 모두 이 책의 주제라고 알려주었다.

작가의 생각을 파악한 후에는 학생들의 생각을 정리할 시간을 주었다. 먼저 생각 그물을 활용하여 자신의 생각을 도식화하게끔 지도하였다. 작가의 생각에 대한 찬반 여부를 결정하고 그 이유를 적었다. 그리고 사이버폭력 및 학교폭력을 해결할 수 있는 방안을 마련하도록 했다. 이때 교사는 최대한 현실적인 방안을 만들 수 있도록 방향을 제시해주어야 한다. 학생들은 다양한 아이디어를 적었고, 이를 바탕으로 모둠별 토의를 진행하였다. 토의를 통해 모둠별로 가장 현실적이고 가능성이 있는 방안을 하나씩 제시하도록 했는데, 토의 과정을 따로 지도하지 않아도 학생들은 스스로 의견을 이야기했다. 미리 자신의 생각을 도식화해둔 것이 큰 도움이 되었다.

토의를 마치고 마지막에는 모둠별 포스터 만들기 시간을 가졌다.

모둠 토의를 하며 조원들의 다양한 아이디어가 포스터에 담겼다. 포스터는 조원이 모두 앞에 나와 반 친구들에게 발표하고, 내용에 대한 질의 응답 시간을 가졌다. 가장 많이 나온 질문은 현실성이 있느냐는 것이었고, 조원들은 자신들의 의견을 바탕으로 다른 학생들을 열심히 설득하였다. 발표가 끝난 후에는 포스터는 복도에 전시하여 다른 학생들이 사이버폭력의 심각성과 해결 방안을 살펴보게 하였다.

생각 그물 활동 사진(위)와 학생들이 직접 만든 포스터(아래)

생각을 나누는 책 읽기

생각 그물부터 포스터 발표까지, 모두 독서 토의·토론의 과정이다. 자신의 생각을 정리하고 이를 타인과 나누며 논리력과 사고력이 발달하게 된다. 책을 읽고 자신만의 세계에 갇혀 혼자 사색하는 것이 아니라, 자신의 생각과 의견을 나눌 수 있는 자세를 갖도록 지도하였다.

독서 후 활동은 이처럼 논리력, 사고력뿐만 아니라 커뮤니케이션 능력까지 고려하여 설계하여야 할 것이다. 학생들의 독서 능력도 향상되었지만 주제와 관련된 다양한 지식을 쌓는 기회도 되었다. 나아가 학교폭력 예방이라는 범교과적인 교육을 할 수 있어 학생들에게도 큰 도움이 되었다.

다양한 교과와 연계한 독서 교육

이 책은 학교폭력 및 사이버폭력이라는 주제를 담고 있으므로 범교과적인 학교폭력 예방 교육을 진행할 수 있는데, 다음은 교과 연계의 다양한 예다.

- 국어 교과 '듣기·말하기' 영역의 핵심 개념인 '듣기·말하기의 태도'와 관련하여 언어 예절을 지도할 수 있다.
  - 다른 사람을 배려하며 말하는 방법 알아보기
  - 친구들과 대화할 때 지켜야 하는 예절 고민해보기

- 국어 교과 '문학' 영역의 '작품 속 세계와 현실 세계 비교하기'와 관련하여 자신의 사이버 언어 생활을 반성하도록 지도할 수 있다.

- 민서처럼 SNS를 이용하는 중에 힘들었던 경험이 있는지 발표하기
- 민서네 반 아이들처럼 SNS상에서 누군가에게 함부로 말한 적 있는지 생각해보기

- 도덕 교과 '타인과의 관계' 영역의 핵심 가치인 '사이버 공간 예절'과 관련하여 사이버 공간에서의 책임감 있는 행동과 사이버 폭력의 문제점 및 해결 방법을 지도할 수 있다.
  - SNS 이용 시 지켜야 할 규칙 정하기
  - 사이버폭력이 일어났을 때 어떻게 대처해야 하는지 고민해보기
  - 실제 폭력과 사이버폭력의 특징을 비교·대조해보기

- 범교과적인 주제인 '인성 교육'과 관련지어 지도할 수 있다.
  - 반에서 일어나는 '왕따', '은따' 문제를 해결하기 위한 방법 찾아보기
  - 민서의 괴로움을 보며 타인의 아픔에 공감할 수 있는 마음 갖기

따돌림 문제와 관련해서
읽어볼 만한 책

번호	책제목	지은이	출판사
1	악플 전쟁	이규희	별숲
2	방관자	제임스 프렐러	미래인
3	모르는 척	우메다 사쿠	길벗어린이
4	왕따	이윤학	문학과지성사
5	정의의 악플러	김혜영	스푼북
6	노잣돈 갚기 프로젝트	김진희	문학동네
7	까마귀 소년	야시마 타로	비룡소
8	감기 걸린 물고기	박정섭	사계절
9	귓속말 금지구역	김선희	살림어린이
10	정의로운 은재	강경수 외	사계절
11	WELCOME, 나의 불량파출소	문부일	시공주니어
12	위대한 학교	박현숙	잇츠북
13	오늘, 우리 학교는	브리타 테렌트럽	비룡소
14	작은 틈 이야기	브리타 테켄트럽	봄봄
15	소통, 달라도 가능할까?	김민화, 박주연	다림
16	폭력, 특별한 사람들의 이야기일까?	김민화, 박주연	다림
17	돼지들	클레망틴 보베	천개의 바람
18	소녀 A, 중도 하차합니다.	김지숙	다른
19	취미는 악플, 특기는 막말	김이환 외	생각학교
20	어린이를 위한 슬기로운 미디어 생활	권혜령 외	우리 학교

어느 책에나
활용할 수 있는
독서 전 활동

- 6장 독서 전 활동, 7장 독서 중 활동, 8장 독서 후 활동은
어느 책에나 활용할 수 있는 다양한 활동으로 개발하였
다. 누구나 온 작품 읽기 수업을 할 때 다양하게 적용하여
만능 키처럼 활용하길 바란다.

키워드 생각 그물 그리기

　책의 제목은 책을 읽으려는 사람에게 그 책의 핵심을 짧게 전달한다. 책의 제목과 소제목은 책의 주제를 가장 집약적으로 표현하며, 중요한 키워드이기도 하다. 학생들과 함께 책 제목과 소제목을 살펴보며 생각 그물 그리기 활동을 통해 독서하고 싶은 마음을 불러일으킬 수 있다.

　우선 학생들이 책의 제목과 소제목을 살펴본다. 그리고 중요한 단어라고 생각되는 키워드를 한 가지 선정한다. 책 제목과 소제목에서 적절한 키워드를 선택하기 어렵다면, 교사가 책에서 중요한 키워드를 5개 이상 제시하고 그중 하나를 고르게 한다.

　학생들이 선정한 키워드를 중심으로 충분한 시간을 갖고 자유롭게 생각 그물을 그려보도록 한다. 생각 그물, 즉 마인드맵을 그릴 때는 간략한 단어, 그림, 여러 가지 색깔을 사용하여 보기 쉽게 그린다. 그리고 하나의 키워드에 선을 연결하여 그 키워드와 관련 있는 내용으로 가지치기를 한다. 하나의 중심 키워드에서 주가지 2~3개를 그려 키워드나 그림으로 표현하고, 그 하위의 세부 가지를 2~3개 더 그려 표현한다.

자유롭게 생각 그물을 그린 후에는 다른 친구들의 생각 그물을 살펴본다. 동일한 키워드를 선택했더라도 전혀 다른 내용을 담을 수 있기 때문이다. 다양하게 표현된 생각 그물을 함께 살펴보고 책의 내용을 추측하며 대화를 나누고 마무리한다.

생각 그물을 처음 그리면서 빈 종이를 채우는 것에 부담을 느낄 수 있다. 그러면 우리 반의 생각 그물을 함께 그려가는 활동으로 바꾸어 진행할 수도 있다. 학생들에게 한 가지 키워드를 제시하고, 그 키워드에 관련된 단어 하나씩을 포스트잇에 적어 제출하게 한다. 학생들이 제출한 단어들을 모아 '단어 구름'을 만들어 한 화면에 보여주면, 다른 친구들이 작성한 단어를 함께 살펴보며 책에 대한 호기심을 키울 수 있다. 또한 학생들의 생각과 배경지식을 간단하고 보기 좋게 정리할 수도 있다. 학생들은 자연스레 책의 내용도 추측하면서 책에 대한 흥미도 높일 것이다. 책을 읽은 후에는 자신이 그린 생각 그물을 다시 보면서 독서 후 활동으로 다시 한번 그리면 더욱 좋다.

키워드 생각 그물 그리기 ( )학년 ( )반 ( )번 이름 (   )

• 책의 제목과 소제목을 살펴보고 가장 중요하다고 생각하는 키워드 한 가지를 선택해요.

선택한 키워드를 중심으로 생각 그물을 그려요.

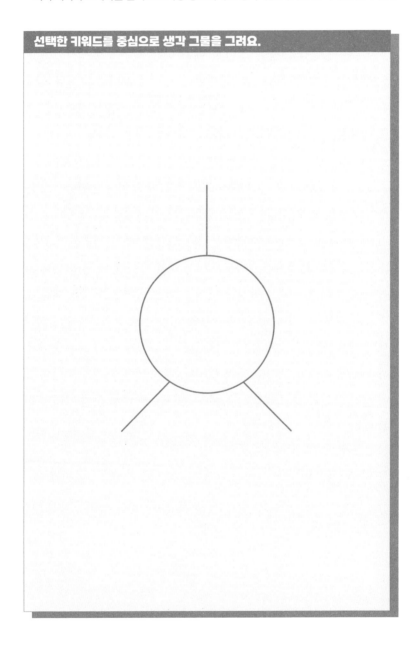

책 표지를 보고 질문 만들기

학생들은 책 제목과 표지에 끌려 읽고 싶은 책을 선택하는 경우가 많다. 하지만 온 작품 읽기 수업을 진행할 때는 대부분 교사나 다른 친구들과 함께 책을 선정하므로, 책 표지를 관심 있게 살펴보지 않는다. 학생이 스스로 선택한 책이 아닐 때는 책에 관한 관심도가 낮을 수 있기에 책에 대한 호기심을 높여주는 활동이 필요하다.

책 표지를 찬찬히 살피면 책의 제목과 저자에 대한 정보 외에도 책의 분위기를 느낄 수 있고 책의 내용도 추측할 수 있어서 책에 대한 호기심이 높아진다. 책을 읽기 전에 책 표지를 찬찬히 살펴보고 여러 가지 질문을 만들어본다. 책 표지의 색감, 책 표지에 그려진 등장인물의 표정과 자세, 책 제목에 사용된 폰트의 느낌과 색깔 등에 관해 질문하는 것이다. 예를 들어, '왜 책 표지 속 등장인물이 등을 돌리고 있을까?', '책 표지에 오선지가 그려진 이유는 음악 수업과 관련이 있어서일까?' 등과 같이 평소에는 아무렇지 않게 생각한 것까지 세세하게 질문해본다. 책의 내용과 상관없이 책 표지와 제목만으로 질문을 만들면서 책에 관한 생각을 확장한다.

자신이 만든 질문을 친구들과 함께 나누며 책의 내용, 등장인물의 성격, 책의 분위기 등을 자유롭게 추측해보는 시간을 가진다. 친구들과 책에 관한 대화를 나눈 후 책을 읽으면 학생들은 더욱 몰입하여 책을 읽을 수 있다.

이 활동은 10분 내외의 짧은 시간에 따로 준비하지 않고도 진행할 수 있다. 하지만 학생들이 책 표지를 톺아보고 이야기를 나눈 후에 독서하면 더욱 몰입하여 책에 흠뻑 빠질 것이다. 나중에 학생들이 스스로 책을 선택할 때도 책의 표지에서 여러 가지 정보를 얻고 내용을 추측하여 선택할 수 있도록 도와준다.

책 표지를 보고 질문 만들기 ( )학년 ( )반 ( )번 이름 ( )

• 책 표지를 자세히 살펴보고 질문을 만들어요

책 표지와 관련된 질문을 만들어요.

책의 내용을 추측해보아요.

책 표지에서 이야기 단서 찾기

책 표지는 책의 얼굴이다. 작가가 의도한 주제가 그림으로 함축되어 있기 때문이다. 책을 고를 때는 책의 얼굴인 표지를 우선 살펴본다. 도서관이나 서점에서 책이 서가에 가지런히 꽂혀 있을 때보다 예쁜 얼굴을 드러내고 있을 때 저절로 책에 손이 간다. 특히 초보 독자는 책 표지에 대한 의존도가 더 높은 편이다. 초등학생들은 대부분 초보 독자이기 때문에 책 표지를 의도적으로 노출하는 것이 동기 부여에 도움이 된다.

막상 책을 고르고 나면, 대부분은 책 표지를 제대로 살펴보지도 않고 바로 본문을 읽기 시작한다. 본격적으로 책을 읽기 전에 책 표지에 실린 메시지나 그림의 의미를 생각해보고 책을 읽으면 예상이 맞는지 확인하는 재미와 추리의 즐거움을 경험할 수 있다.

책 표지에는 그림만 있는 것이 아니다. 책 제목과 작가, 책을 출판

한 출판사의 이름이 적혀 있고, 그림이 적절히 배치되어 책이 전하고자 하는 메시지를 분명히 드러낸다. 대체로 아동문학에서 책 표지에 공을 들이는 편인데, 그림 작가가 책의 내용을 숙지하고 그림을 그리기 때문에 책 표지에 작가가 전달하려는 메시지를 함축하여 전달한다. 이렇게 만들어진 책 표지는 학생들에게 책을 읽는 동기를 부여하는 훌륭한 광고지인 셈이다.

독서 전 활동으로 책 표지를 크게 확대하여 샅샅이 살펴보고 그림 속 비밀을 찾아낸다. 이 과정에서 학생들은 책을 읽을 마음의 준비를 하게 된다.

탐정이 되어서 책 표지에 숨겨진 비밀 찾기

책 표지에서 이야기 단서를 좀 더 재미있게 찾기 위해 책 표지 탐정 게임을 추천한다. 이 게임을 위해서는 책의 주제를 함축적으로 표현한 도서를 선정하는 것이 중요하다. 책 표지에 주제를 잘 담은 아래의 추천 도서를 참고하라.

책 표지 탐정 게임 추천 도서

구도 노리코, 《우당탕탕 야옹이와 바다 끝 괴물》, 책읽는곰
송언, 《마법사 똥맨》, 창비
이은재, 《잘못 뽑은 반장》, 주니어김영사
하신하, 《별별수사대》, 시공주니어
이규희, 《악플전쟁》, 별숲
김혜영, 《정의의 악플러》, 스푼북
김진희, 《노잣돈 갚기 프로젝트》, 문학동네
박현정, 《백 년 만의 이사》, 북멘토
박하익, 《도깨비폰을 개통하시겠습니까?》, 창비

게임 방법은 다음과 같다. 학생들에게 포스트잇을 조별(4인 1조)로 한 묶음씩 나눠준다. 제한 시간 1분 동안 책 표지에서 내용을 예상하고, 조별로 3분 동안 각자 예상한 내용에 대해 토의한 다음, 토의에서 예상한 내용을 포스트잇에 적는다. 조별로 포스트잇을 모은 후 칠판 하단에 정리해서 붙인다. 그리고 각 조에서 한 명씩 나와 탐정 게임 결과물을 발표한다. 본격적으로 독서를 시작하고, 조별로 예상한 내용과 일치한 포스트잇만 칠판 상단의 책 표지 탐정 구역에 붙인다.

　　　　　　　　　학교 도서관에서 온 작품 읽기

책 표지 탐정 게임 방법

1. 학생들에게 조별로 포스트잇을 한 묶음씩 나눠주기
   (조별로 다른 색깔의 포스트잇을 사용한다)

2. 책 표지에서 내용 예상하기(1분)

3. 조별로 예상한 내용에 대해 토의하기(3분)

4. 조별 토의에서 예상한 내용을 정리하여 포스트잇에 최대한 많이 적기(3분)

5. 칠판에 정리해서 붙이기

6. 조별로 발표하기

7. 책 읽으며 예상과 일치한 부분만 책 표지 탐정 구역(칠판 상단)에 남기기

8. 조별 승점 계산하기

책 차례를 보고 내용 예상해보기

　책의 제목, 표지와 더불어 차례에는 내용에 대한 다양한 정보가 담겨 있다. 학생들은 책을 읽지 않은 상태로 차례를 분석하여 책 내용이 어떠할지, 어떤 방향으로 나아갈지 예상할 수 있다. 이 활동은 책의 제목과 표지를 분석한 뒤 진행하면 더욱 좋다. 책에 대해 조금은 감을 잡은 상태에서 차례를 살펴보면 구체적으로 상상할 수 있기 때문이다.

　차례는 책의 흐름이 드러나도록 내용을 구분한 소제목이 실려 있다. 그렇기에 차례만 살펴봐도 전반적인 책 내용을 알 수 있다. 학생들은 책의 주제와 관련하여 어떤 내용이 담겨 있을지 예상하여 활동지에 적는다. 나중에 책을 읽으며 예상했던 내용과 실제 내용이 같은지 비교해볼 수 있다. 학생들은 차례를 분석하며 가장 중요하거나 흥미로운 차례 및 키워드는 무엇인지, 왜 그렇게 생각했는지 활동지에 적고, 그 내용을 발표하여 다른 학생들과 비교해본다.

['13일의 단톡방' 도서를 활용한 활동 예시]

소제목명	내용 예상하기
1. 기분 탓이야	주인공에게 뭔가 이상한 일이 일어난다.
2. 어느 날 갑자기	이유를 모르는 심각한 일이 일어난다.
3. 루킹이 범인?	어떤 사건의 범인이 루킹이고, 루킹을 잡으려고 노력하는 내용이다.

학생들은 책의 차례를 분석하고 내용을 예상해보면서 앞으로 읽을 책에 대해 관심과 호기심을 느낄 것이다. 예상한 내용과 실제 내용을 비교해서 예상이 맞았을 때는 성취감을 느낄 수 있고, 예상과 다르다면 놀라움을 느끼며 독서의 즐거움을 다시금 깨닫게 된다.

책 차례를 보고 내용 예상해보기 (   )학년 (   )반 (   )번   이름 (   )

· 책을 읽기 전에 차례에 실린 소제목을 보고 책의 내용을 예상해보고 그중에서 흥미롭거나
  중요해 보이는 소제목을 골라보세요.

소제목명	내용 예상하기

스무고개로 책의 주제 맞추기

　독서를 싫어하거나 관심이 없는 학생에게 흥미를 느끼게 하는 것은 언제나 큰 과제다. 책이라는 말만 들어도 싫어하는 학생들을 움직이는 것은 결국 호기심이다.

　이 활동은 학생들의 호기심을 이용한 것으로, 시작하기에 앞서 스무고개를 설명하고 질문의 방향을 지도해야 한다. 책과는 상관없는 주제로 스무고개 퀴즈를 진행하면서 학생들이 활동 방법에 익숙해질 수 있도록 지도한다. 특히 모든 학생이 한 번 이상 질문할 수 있도록 몇 번은 퀴즈를 진행한다.

　다음으로는 학생들이 책의 주제에 접근할 수 있도록 방향을 제시한다. 이를 위해 KDC분류표를 활용하여 넓은 범위의 주제가 어떻게 좁혀지는지 설명하고, 문학작품의 경우 어떤 내용의 이야기가 있는지 발표하면서 스무고개에서 어떤 질문을 해야 할지 스스로 고민해보게 한다.

스무고개를 시작하며, 교사는 학생들의 수준에 따라 힌트를 얼마나 제공할지 결정한다. 5학년 1학기의 국어 독서 단원에서는 한국십진분류표에 대한 내용이 나오는데, 한국십진분류표의 대분류(사회과학, 철학, 문학 등) 수준의 힌트를 제시한 다음 퀴즈를 시작할 수 있다. 그보다 아래 학년이라면 교사의 재량으로 수준에 맞는 시작점을 찾아 활동을 진행한다. 학생들은 발표를 통해 질문할 수 있고, 질문의 내용과 교사의 답은 활동지에 적게 한다. 질문하지 않은 학생들도 활동지를 채우며 참여할 수 있다.

예를 들어, '사회과학'이라는 제시어로 스무고개 퀴즈를 한다고 하자. "법과 관련되어 있나요? - 네", "학교에서 일어나는 일인가요? - 네", "어른들이 나오는 이야기인가요? - 아니오" 하는 식으로

[(주)미래엔 초등 5-1 국어(가) 독서 단원, 한국십진분류법 부분 발췌]

학교 도서관에서 온 작품 읽기

책의 주제와 내용을 유추해나간다. 학생들을 스무 개의 질문이 끝나기 전에 질문과 대답을 조합하여 정답을 발표할 수 있을 것이다. 학생들이 정답을 맞힌 후에 교사는 준비해놓은 책을 보여주고 책에 대해 간단하게 설명하면서 독서를 시작한다.

주제에 관한 배경지식 확장하기

　책을 읽을 때 문해 능력만큼 필요한 것이 배경지식인데, 어떤 분야에 관심을 가지면 배경지식이 쌓인다. 공룡을 좋아하는 유치원 아이는 공룡에 대한 배경지식이 어른보다 많아서, 공룡 책을 더 잘 읽고 공룡에 관한 어려운 지식도 두루 섭렵할 것이다. 나이나 문해력과는 관계 없이 배경지식과 관심도가 다르면 이러한 상황은 충분히 일어날 수 있다.

　수업 시간에 배경지식을 충분히 확장하고 온 작품 읽기 독서를 시작하면 더욱 몰입하여 책을 읽게 되고, 읽고 난 뒤에도 주제에 대한 이해도가 높고 독후 활동에도 적극적으로 참여하게 된다.

　따라서 온 작품 읽기 책을 안내하기에 앞서 배경지식을 확장하기 위해 다양한 방법을 시도해볼 수 있다. 책의 배경이 되는 장소가 아프리카라면, 아프리카를 쉽게 조사할 수 있도록 학생들에게 정보

길잡이(패스파인더)를 제공하고 정보 문해 수업을 진행한다. '아프리카' 패스파인더의 예를 참고해보자.

 '아프리카' 패스파인더의 예

단행본

《아프리카의 기적》, 사쿠사 가즈마사, 문학동네, 2005.

《처음 읽는 아프리카의 역사》, 루츠 판 다이크, 웅진씽크빅, 2005.

《아프리카 소년 샤카》, 마리 셀리에, 웅진주니어, 2005.

《아프리카의 옥수수 추장》, 조호상, 우리교육, 2009.

《아프리카 지도 여행 오색찬란, 아프리카는 검지 않다》, 전현정, 사계절, 2018.

《처음 만나는 아프리카》, 신현수, 한우리북스, 2013.

《이현세 만화 세계사 넓게 보기 13. 일어서는 아프리카》, 김기정, 이현세 만화, 녹색지팡이, 2012.

《나의 첫 세계사 여행 3. 서아시아 아프리카》, 전국역사교사모임, 휴먼어린이, 2018.

《별똥별 아줌마가 들려주는 아프리카 이야기》, 이지유, 창비, 2019.

《브리태니커 만화 백과; 아프리카》, 봄봄스토리, 미래앤아이세움, 2016.

《세계를 여는 문 DOOR 3 아프리카 편》, 지도표현연구소, 함께자람, 2020.

웹사이트

주한 탄자니아 대사관: https://overseas.mofa.go.kr/tz-ko/index.do

주한 케냐 대사관: https://overseas.mofa.go.kr/ke-ko/index.do

정기간행물

항상 겁이 나요, 내셔널지오그래픽,

https://www.nationalgeographic.co.kr/news.php?mgz_seq=207&aseq=100062

'아동이 살기 좋은 아프리카' 관심 필요, 남상훈, 세계일보, 2021.6.10.

❶ 　❷ 　❸

패스파인더를 참고 자료로 하여 단행본, 인터넷, 정기간행물, 백과사전 등 다양한 매체를 통해 아프리카에 대해 알아본다. 조원별로 역할을 나누고, 찾은 정보를 활동지에 정리한다. 조별로 정리한 내용을 발표하고, 활동을 통해 새롭게 알게 된 사실은 하트로 표시해본다.

처음에 학생들은 자료 조사 활동을 어려워하는 듯했지만, 반복하여 경험할수록 적극적으로 정보를 찾고 참여했다. 정보 문해 수업을 경험한 학생들은 과제나 조별 활동에도 응용해서 자기 주도 학습을 할 수 있다.

학교 도서관에서 정보 문해 수업을 한 시간만 해도 학생들은 배경지식을 충분히 확장시킬 수 있고, 온 작품 읽기 도서에 관심이 생긴다.

독서 전 활동 시간이 충분하지 않다면, 수업을 시작하고 10분 동안이라도 학생들의 배경지식을 충분히 확장시킬 수 있다. 주제와 관련된 기사를 프린트하여 나누어 주거나 관련 기관이나 단체에서 제작한 영상물, 다큐멘터리나 지식e채널 영상을 찾아 보여준다. 이때 교사가 질문을 통해 학생들의 호기심을 자극하고 두뇌를 활성화한다. 그 밖에도 출판사에서 제작하는 북 트레일러를 찾아서 준비하거나 유튜브에 올라온 작가 관련 인터뷰 영상을 보면서 자연스럽게 책에 대한 관심도를 높일 수 있다.

자료 조사 보고서*

( )학년 ( )반 ( )번 이름 ( )

주제 활동을 통하여 새롭게 알게 된 사실에 하트(♡)로 표시해보세요.

알게 된 내용 쓰기

알게 된 것	설명	그림으로 표현하기

더 알고싶은 것 써보기

조사한 책 정보

책제목:

지은이:　　　　　　　　　　　출판사:

책제목:

지은이:　　　　　　　　　　　출판사:

책제목:

지은이:　　　　　　　　　　　출판사:

★ 박성희·유남임·이윤희·황은영, 《두근두근 처음 도서관》, p.30, 학교도서관저널, 2020.

책과 나 연결하기

그림책을 뗀 아이들에게도 글밥이 많은 책을 읽는 것은 지루하고 힘들다. 교사는 아이들에게 읽기의 즐거움을 알려주기 위해 온갖 방법을 동원한다. 학생들은 책의 내용에 흥미를 느끼고 드디어 책을 손에 들고 표지를 보고 차례를 살펴본다. 그런데 빽빽한 글자를 읽어야 내용을 알 수 있다고? 궁금함에 발을 동동거리며 빨리 책을 달라고 했던 아이는 책을 읽기도 전에 지쳐버린다.

어릴 때 어른들이 읽어주는 그림책은 너무나 재미있었는데 갑자기 글자로 가득한 종이뭉치를 읽어야 한다니, 읽기도 전에 거부감이 들 것이다. 내 경우를 돌이켜 보자면 나를 독서의 세계로 이끈 것은 내 또래의 나이가 제목에 포함된 책이었다. 《아홉 살 인생》, 《열두 살에 부자가 된 키라》,《어린이를 위한 배려》 등, 어떤 주제를 담았는지, 무슨 내용인지도 모를 책을 도서관에서 대출해 읽었던

기억이 난다. 이렇게 삶과 연결된 독서는 그 자체로 책을 읽는 목적
이 된다.

나를 소개하는 짧은 글 쓰기

모든 활동은 자기 자신에 대한 이해와 긍정이 선행되어야 한다.
자신에 대해서 고민하고 들여다보아야 삶과 맞닿은 배움을 얻을 수
있고, 생활에서 실천할 수 있다. 책을 읽는 활동 전에 자기 자신에
대해 생각하고 표현하는 활동을 통해, 학생은 앞으로의 활동에 대
한 흥미와 동기를 부여받고 교사는 학생의 특성을 파악하고 앞으로
나아갈 방향을 조율할 수 있다.

성인에게도 자기를 소개하는 글을 쓰는 것은 쉽지 않다. 빈 종이
에 무턱대고 자신을 표현하려 하기보다는 먼저 자신에 대한 질문을
설정한다. 그리고 질문에 대해 생각나는 모든 것을 단어로 적어 나
열해본다. 자기 자신에 대한 사항은 무궁무진하지만 글을 쓸 때 생
략할 수도 있으므로 많이 쓸수록 좋다. 질문은 학생의 특성에 따라
교사의 재량으로 설정한다. 좋아하는 것, 잘하는 것, 앞으로 하고 싶
은 것, 싫어하는 것, 가장 행복했던 경험, 슬펐던 경험, 재미있게 본
책이나 영화, 좋아하는 사람의 특성 등을 묻는다. 이 단계에서는 자
신을 들여다보며 정보를 수집하고 생각한 것을 단어로 적어내는 데
중점을 둔다.

다음으로는 자신에 대한 생각 주머니를 글로 자연스럽게 풀어낸
다. 열거법으로 나열한 단어들을 살펴보며 글로 옮기기 위한 단어
를 선별한다. 글로 옮겨 적고 싶은 것은 ○, 뺄 것은 X, 수정할 것은

△로 표시한다. 표시한 단어를 바탕으로 각 질문에 대한 단어를 문장으로 매끄럽게 연결해 문단을 만들고 연결하면 멋진 자기소개 글이 완성된다. 글쓰기에 싫증을 내고 어려워하는 학생도 자신에 대한 역사를 적어 내려간다고 생각하고 재미있게 쓸 수 있다.

나를 소개하는 짧은 글 쓰기 활동 방법

1. '나'를 표현하기 위한 질문을 설정한다.
   (예 좋아하는 것, 싫어하는 것, 행복했던 경험, 슬픈 경험, 재미있게 본 책이나 영화, 잘하는 것, 앞으로 잘하고 싶은 것, 나의 꿈 등)

2. 질문에 대한 생각을 자유롭게 열거한다.
   (질문에 대한 답은 형식과 내용에 제한을 두지 않고 다양한 측면에서 자유롭게 써도 된다는 점을 강조한다. 적은 생각이 많을수록 좋다.)

3. 질문에 대해 열거한 단어들을 살펴보고 글로 옮기기 위한 단어를 선별한다.

4. 글로 옮겨 적고 싶은 단어: ○표시

5. 글에 쓰지 않고 뺄 단어: ×표시

6. 수정해서 옮겨 적을 단어: △표시

4. 선별한 단어들을 조합해 질문에 대한 문장을 쓰고 문장을 연결해 문단을 만든다.

5. 질문에 대한 답 문단을 연결하여 나를 소개하는 짧은 글을 완성한다.

나를 소개하는 짧은 글 짓기 ( )학년 ( )반 ( )번 이름 ( )

알게 된 내용 쓰기

1 처음 부분 쓰기
2 가운데 부분 쓰기

보기글	가족 소개 - 아버지(가정에서 일하심), 어머니(음악 선생님), 오빠 (4학년 개구쟁이), 나(막내딸)
	자랑거리 - 그림을 잘 그림, 어렸을 때부터 칭찬을 많이 받음, 더 열심히 그리고 싶음.
	성격 - 활발하고 잘 웃는다, 참새라는 별명
나의 소개글	가족 소개 -
	자랑거리 -
	성격 -

3 끝 부분 쓰기
   앞으로 하고 싶은 것 -

나의 소개

_____

_____

_____

_____

_____

_____

읽고 싶은 책 고르고 소개하기

　도서관에서 읽고 싶은 책을 자유롭게 골라 읽는 시간을 가진다. 그 시간만이라도 강제로 읽는다는 부담을 덜고 자유롭게 책을 선택하고 읽도록 한다. 원하는 책을 고르고, 책을 선택한 이유와 읽은 내용 중 친구에게 소개해주고 싶은 내용을 포스트잇으로 간단하게 적어 발표한다. 발표한 포스트잇을 모아 학급 추천 도서 목록으로 게시하는 것도 좋다.

학교 도서관에서 온 작품 읽기

읽고 싶은 책 고르고 소개하기 활동 방법

1. 학교 도서관 또는 공공도서관에 방문한다.
   (교사는 도서관이 어떤 사람이든 다양한 정보와 문화를 얻을 수 있는 공간이라는 것을 설명하고, 학생은 도서관이 정보 문화 공간임을 몸소 느낄 수 있다.)

2. 도서관 공간을 자유롭게 탐방하며 마음에 드는 책을 1권 골라 대출한다.

3. 선택한 책의 제목, 지은이, 출판사와 선택한 이유를 적는다.
   (책의 외형, 서지정보, 그림 등)

4. 책과 선택한 이유를 적은 활동지를 돌려보거나 발표하여 공유한다.

5. 활동지를 모아 우리 학급의 추천 도서 목록을 만든다.

읽고 싶은 책 고르고 소개하기 활동 방법(예시)

책 제목				
지은이		그린이		출판사
무엇을 보고 선택했나요? (○표시)	책의 겉모습	책표지(앞, 뒤) / 책 모양 / 책 크기		
	책의 내용	주제 / 소개말(서평) / 차례 / 책 속 문장		
	기타	친구의 추천, 좋아하는 작가, 관심 있는 주제 등 자유롭게 서술		
선택한 이유	미술 시간에 배운 이중섭 작가를 더 알아보고 싶어서 선택했다. 차례의 이중섭의 생애가 궁금하여 선택했다. 600 예술 서가에서 책을 찾다가 책표지의 소그림이 눈길을 끌어 선택했다.			

온 책 읽기 학습지

읽고 싶은 책 고르고 소개하기　　（　）학년（　）반（　）번　이름（　　　）

책 제목		
지은이	**그린이**	**출판사**
무엇을 보고 선택했나요? (○표시)	책의 겉모습	책표지(앞, 뒤) / 책 모양 / 책 크기
	책의 내용	주제 / 소개말(서평) / 차례 / 책 속 문장
	기타	친구의 추천, 좋아하는 작가, 관심 있는 주제 등 자유롭게 서술
선택한 이유		

작가 소개하기

읽을 책을 소개할 때 보통 학생들에게 책의 표지를 보여준다. 표지에는 책 제목과 작가, 출판사 등이 적혀 있다. 책은 작가는 경험이나 생각의 정수를 모아 가지런히 정리하여 다른 사람에게 읽게 하는 것이므로, 이 활동을 통해 아이들은 책의 내용에 한발 더 다가갈 수 있다.

예를 들어 《13일의 단톡방》에는 책 내용이 시작되기 전에 작가가 겪었던 일화를 소개하는 부분이 있다. 방미진 작가는 청소년들에게 학교폭력에 관한 강연을 하면서, 학생들이 학교폭력이 나쁘다는 사실보다 가해자가 받을 처벌에 집중하는 모습에 심각성을 느끼고 책을 집필하게 되었다고 했다. 또 청소년과 폭력에 관한 주제의 책을 많이 저술하여 저자가 전달하려는 바를 직관적으로 파악할 수 있다.

책표지를 넘기면 책날개에는 저자를 소개하는 공간이 있다. 책마다 다양한 방식으로 저자를 소개하고 있어서 표지와 책의 모양 다음으로 책의 개성이 드러나는 부분이다. 저자의 사진, 이력, 작가가 자신을 소개하는 단어, 저서명, 저자의 한마디 등을 싣는다. 책날개에 적힌 정보만으로 저자에 대해 간단히 알아보고 넘어가는 것도 좋다.

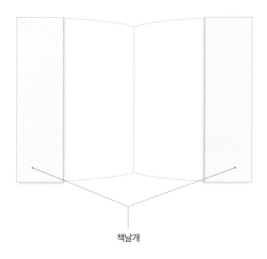

책날개

책날개에 저자에 관한 내용이 부족하면 인터넷을 검색하여 저자의 활동 내역을 찾아볼 수도 있다. 이때, 공신력 있는 도서 판매 사이트의 작가 파일 카테고리를 찾아보면 도움이 된다(http://www.yes24.com/24/AuthorFile/Home/). 관심 있는 작가의 이름을 검색하면 대표작, 약력, 소개, 수상 경력과 같은 기본 정보뿐만 아니라, 작가와 관련되었거나 작가가 참여한 기사나 작가의 팬들이 모여 대화를 나누는 독자 마당과 같이 양질의 정보를 알 수 있다.

유튜브에서 작가의 이름을 검색해 관련 도서의 북트레일러 또는 작가와의 만남 영상을 찾아볼 수도 있다. 저학년이라면 작가 관련 내용을 교사가 미리 선별해 제공하는 것이 효과적이다. 고학년에게는 작가 정보를 수집할 수 있는 매체를 교사가 정해주고 조사 내용에 대한 가이드라인을 설정하면 학생이 작가에 대해 조사하여 창작물을 만들고 소개할 수 있을 것이다.

작가에 대한 정보 수집 방법

1. 책날개의 저자 정보 읽기

2. 인터넷 검색하기
   (공신력 있는 사이트 이용 예 yes24 작가 파일)

3. 유튜브 영상 검색
   (예 작가와의 만남, 작가 인터뷰, 출판사 소개 영상 등)

작가 소개하기

( )학년 ( )반 ( )번 이름 ( )

1. 작가에 대한 정보를 수집하기 전 계획을 세워봅시다.

● 어디에서 정보를 얻을 수 있을까요?

● 어디에서 정보를 얻기로 결정했나요?

● 어떤 정보를 조사할 수 있을까요?

2. 수집한 정보를 바탕으로 작가님의 SNS를 꾸며봅시다.

[프로필 사진]

[커버사진]

_____ 작가님

소 개

(작가님을 한 문장으로 표현하면?)

대표작

( )

( )

7장

어느 책에나
활용할 수 있는
독서 중 활동

감정 카드 책갈피로
등장인물의 감정을 파악하며 읽기[*]

　학교에서 학생들은 많은 사람과 관계를 쌓아가며 생활한다. 그 관계를 잘 유지하며 지내려면 자기 자신과 다른 사람의 감정을 잘 살피고 공감하는 능력이 필요하다. 그래서 감정 표현을 담고 있는 키워드를 활용한 수업이 꾸준히 진행되고 있다. 온 작품 읽기에도 감정 수업을 적용하여 학생들이 긍정적인 감정뿐 아니라 부정적인 감정도 명확하게 알고 감정을 표현하고 소통한다.

　학생들은 책을 읽으며 자연스럽게 등장인물의 성격과 등장인물 사이의 관계를 파악한다. 등장인물 사이의 관계를 입체적으로 파악할 수 있도록 감정 카드를 활용하여 감정 그래프를 그려본다. 감정

★　8장 '감정 그래프로 입체적으로 등장인물 파악하기'(202쪽) 참조

카드는 구매하지 않더라도 《아홉 살 마음 사전》, 《42가지 마음의 색깔》 등 감정 키워드를 잘 담은 책을 참고하여 감정 카드를 제작할 수 있다.

우선 학생들에게 '불편하다, 편안하다, 억울하다, 후련하다' 등과 같은 감정을 담은 감정 카드를 10개 이상 나누어주고, 감정 키워드의 뜻을 일상적인 상황을 예로 들어 설명해서 정확하게 이해할 수 있도록 한다. 그리고 학생들에게 온 작품 읽기 책 속 주요 등장인물을 간략하게 소개한다. 학생들은 등장인물 중 자신이 감정을 파악하고 싶은 등장인물을 한 명 선택한다. 그리고 책을 읽으면서 그 등장인물의 감정이 가장 고조되는 부분에 그에 맞는 감정 카드를 책갈피처럼 끼워 넣으며 책을 읽는다. 감정 카드를 모두 쓰지 않아도 좋다. 그리고 학생들이 가지고 있는 감정 카드로 등장인물의 감정을 모두 표현하지 못한다면, 나만의 카드를 제작할 수도 있다.

감정 카드 책갈피 만들기

( )학년 ( )반 ( )번   이름 ( )

1   10가지 감정을 모두 채워 완성하고 표정을 그려 넣어보세요.

2   감정 카드 책갈피를 오려서 책을 읽으며 등장인물의 감정과 일치하면 책에 끼워 넣으세요.

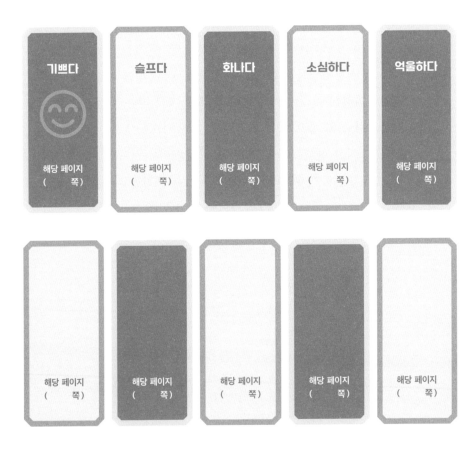

기쁘다

해당 페이지
(쪽)

슬프다

해당 페이지
(쪽)

화나다

해당 페이지
(쪽)

소심하다

해당 페이지
(쪽)

억울하다

해당 페이지
(쪽)

해당 페이지
(쪽)

해당 페이지
(쪽)

해당 페이지
(쪽)

해당 페이지
(쪽)

해당 페이지
(쪽)

국어사전 활용하여 책 읽기

　학생들과 함께 한 권의 책을 모두 읽은 후 내용을 확인하기 위해 간단한 퀴즈를 내서 맞혀보게 하면 깜짝 놀랄 때가 있다. 책에 나온 어휘를 퀴즈로 내면 정답을 아는 아이들이 없기 때문이다(물론 어려운 사자성어도 있었지만). 모르는 단어나 어려운 문장이 나오면 따로 찾아보지도 않고 그냥 읽어 내려서 그런 것이다.

　앞뒤 문장과 맥락을 살펴 단어의 의미를 예측하며 읽는 것은 학생들의 어휘력과 표현력을 향상하는 데 도움을 준다. 그러나 모르는 말이 나오면 짚고 넘어가야 다음에 또다시 봤을 때 정확하고 자신 있게 의미를 파악할 수 있다. 그리고 어휘주머니에 넣어두면 다른 상황에서 내 것처럼 자연스럽게 말로 표현할 수 있다.

　초등학교 3학년부터 국어 시간에 국어사전을 이용해 단어의 뜻을 찾는 방법을 배운다. 그렇다면 독서 시간에는 책에서 본 모르는 단어를 직접 국어사전에서 찾아 정확한 뜻과 다른 쓰임을 찾아보면 배움의 깊이는 배가 될 것이다. 그러나 무작정 단어의 뜻을 적고 외우는 방법은 권유하고 싶지 않다. 이러한 방법은 독서의 흐름을 깰 뿐만 아니라 의미를 파악하며 읽는 데 거부감을 불러올 수 있다.

독서를 하다가 모르는 단어나 어휘가 나오면 그곳에 포스트잇을 붙이고 앞뒤 문장 또는 단락을 살펴보며 자신이 생각한 뜻을 간단하게 적는다. 그리고 책의 소단원을 마무리하거나 모두 읽고 나서 국어사전을 찾아 정확한 뜻을 살핀다. 도서관에 비치된 국어사전을 활용해도 좋고, 인터넷 어학사전을 활용해도 좋다. 이때, 인터넷 어학사전은 공신력 있는 포털 사전을 사용하도록 알려주는 것이 좋다. 인터넷 어학사전은 유의어, 반의어가 시각적으로 표시되어 어휘력을 쉽게 확장시킬 수 있다는 장점이 있다. 뜻을 찾았다면 자신이 예상한 뜻 밑에 정확한 뜻을 쓴다. 이 활동을 통해 모르는 단어를 찾아가며 정확한 뜻을 습득하고 내용을 더욱 깊이 이해하게 될 것이다.

국어사전 활용하여 책 읽기 방법

1. 독서 중 헷갈리거나 정확한 뜻을 모르는 단어를 표시

2. 문맥과 앞뒤 문장을 살펴보며 포스트잇에 예상한 뜻 적기

3. 독서 후 국어사전을 활용해 정확한 뜻 찾기

4. 유의어와 반의어 찾기

학교 도서관에서 온 작품 읽기

국어사전 활용하여 책 읽기 ( )학년 ( )반 ( )번 이름 ( )

1. 책을 읽으면서 뜻을 모르는 단어를 적고, 단어의 앞뒤 내용을 살펴보며 단어의 뜻을 예상해봅시다.

지난 시간

책을 읽으며 메모했던

포스트잇을 붙여주세요

2. 국어사전에서 정확한 뜻을 찾아봅시다.

단어	뜻	
	비슷한 말	
	반대말	
	뜻	
	비슷한 말	
	반대말	
	뜻	
	비슷한 말	
	반대말	
	뜻	
	비슷한 말	
	반대말	

3. 내가 짐작한 뜻과 국어사전에서 찾은 정확한 뜻을 비교해봅시다. 앞으로 모르는 단어가 나오면 어떻게 해야 할까요?

독서 퀴즈

진진가 게임

보통 독서 퀴즈는 독서 후 활동으로 풀기도 하지만 뒤집어 독서 중 활동으로 독서 퀴즈를 해보면 재미있고 집중력을 키워준다. 진진가 게임은 '진짜, 진짜, 가짜'의 첫음절을 딴 것으로, 누구나 쉽게 문제를 낼 수 있고 맞추는 사람도 재미있게 풀 수 있어서 독서 중 활동으로 부담 없다.

방법은 다음과 같다. 교사가 먼저 책의 도입부에 해당하는 내용으로 진진가 게임을 준비하고 퀴즈를 낸다. 학생들에게 정해준 분량의 독서가 끝난 뒤 진진가 게임의 답을 맞힐 기회를 준다. 이 과정에서 학생들은 책 내용을 되짚어볼 수 있다. 다음 장부터는 진진가 퀴즈를 학생들이 직접 내보게 하면, 각자가 중요하다고 여기는 부분이 달라서 흥미롭다. 무엇보다 교사가 독서 퀴즈를 준비하지 않고 발표를 원하는 학생에게 지원하게 하면 학생들의 참여를 이끌어낼 수 있다.

학생들에게 미리 문제를 낼 수 있도록 포스트잇을 나누어주고 뒷면에 답을 적게 한다. 200쪽 내외의 단행본이라면 3~4부분으로 나누어 독서의 흐름이 끊기지 않으면서 내용을 확인하고 넘어갈 수 있도록 설계하는 것이 좋다. 진진가 퀴즈를 내는 것에 너무 부담을 느끼거나 책 읽는 속도가 느려서 읽기 시간으로 모자란 학생의 경우에는 퀴즈를 맞히게 하면 된다.

활동에 대한 보상으로 점수를 매기거나 상품을 주는 등의 외적 보상은 하지 않는다. 수업 시간에 적극적으로 참여한 데 대한 칭찬이 최고의 보상이다.

진진가 게임 방법

1. 단행본을 전체 3~4장으로 나눈다. 페이지 수에 따라 정확히 나누지 않고 내용의 흐름에 따라(발단-전개/위기-절정/결말) 적절히 끊는다. 교사가 먼저 첫 번째 진진가 문제를 낸다. 문제를 낼 때 가짜는 처음에도 나올 수 있다.

2. 학생들이 첫 부분을 읽는다. 분량은 50쪽 내외로 미리 정해준다. 책을 읽다가 진진가 퀴즈를 풀어보게 한다. 쉬는 시간을 주고 두 번째 부분의 독서를 시작하기에 앞서 정답을 다 같이 맞혀본다.

3. 학생들이 진진가 게임을 직접 출제하게 한다. 포스트잇을 한 장씩 나누어주고 가짜가 몇 번째인지 정답을 뒷면에 적는다. 두 번째 부분의 독서가 끝나면 희망하는 학생들이 진진가 문제를 직접 낼 수 있도록 기회를 준다.

4. 마지막까지 이 과정을 반복한 후, 진진가 게임 포스트잇은 모아서 미니북으로 만들거나 학생들이 오가며 풀어볼 수 있도록 교실 게시판이나 칠판 한쪽에 전시한다.

독서 퀴즈 콘텐츠 활용하기

독서 퀴즈는 독서 중에 내용을 확인하는 방법으로 간단한 퀴즈 형식이나 골든벨처럼 진행하면 학생들의 몰입도가 크고 책을 꼼꼼히 읽는 습관이 들기 때문에, 한번쯤 진행해보면 좋은 독서 활동이다. 하지만 교사가 수업 전 독서 퀴즈를 준비하려면 적어도 책을 꼼꼼히 2번 이상은 읽고 퀴즈를 내야 해서 수업 준비에 대한 부담이 클 수밖에 없다.

이미 독서 퀴즈를 개발한 콘텐츠를 활용하는 방법으로 독서교육 종합지원시스템에서 지원하는 독서 퀴즈 개발 도서를 활용하는 것을 추천한다. 다만, 정답은 제공하지 않기 때문에 교사가 미리 문제를 풀어보고 정답지를 만들어 진행해야 한다.

독서교육 종합지원시스템(각 시도) > 독후 활동하기 > 독서 퀴즈 개발 도서 > 학년군별 선택

책을 읽기에 앞서 책의 주요 어휘를 퀴즈를 통해 풀어보면 학생들의 부족한 어휘를 어느 정도 보완할 수 있다. 한국교육과정평가원에서 온 작품 읽기를 지원하기 위해 개발한 책열매 사이트를 추천한다. 어휘 퀴즈뿐만 아니라 다양한 독서 활동을 지원하고 있다.

책열매 > 도서 검색 > 도서 추천 > (단행본 선택) > 어휘 학습

학교 도서관에서 온 작품 읽기

책열매는 학생의 독서 성향을 진단하고 독서 이력을 바탕으로 인공지능에 기반하여 도서를 추천하며 어휘 학습을 지원하여, 개별화·맞춤형 국어수업을 돕는 웹사이트다.

책열매 사이트로
연결되는 QR 코드

독서 퀴즈를 내는 방법

교사가 직접 퀴즈를 낼 때는 다양한 형태의 문제를 준비하는 것이 좋다. 독서 골든벨의 경우에는 ○·X퀴즈나 객관식으로 시작하여 단답식, 주관식으로 배치하고, 문제의 난이도도 점차 어려워지게 한다. 또 학생들의 목숨 수(오답 가능 범위)를 3~5개로 주고 오답을 내더라도 계속 문제를 풀 수 있도록 기회를 주면, 학생들의 집중도가 높아지고 한 번의 실수로 실력 있는 학생이 탈락하는 상황을 보완할 수 있다.

책에서 답을 찾아 제시할 수 있는 문제 위주로 출제하면 학생들이 책의 내용을 떠올리면서 되새길 기회가 된다. "친구의 의미는 무엇인가요?"와 같이 정답이 따로 없는 개방형 문제를 1~2개 출제하여 학생들이 자유롭게 대답할 기회를 주는 것도 좋다. 퀴즈를 만들면서 출처 페이지와 정답에 대한 해설을 함께 적어서 정답지를 미리 작성한다. 독서 퀴즈를 진행하면서 학생들에게 출처 페이지만 알려주고 다시 한번 정답을 찾아볼 기회를 주는 것도 좋은 방법이다.

독서 퀴즈는 경쟁이 과열되거나 시험에 대한 스트레스가 있는 상황이 아니라면 학생들과 책을 읽으면서 독서 중 활동이나 독서 후 활동으로 진행하기 좋다. 학생들은 질문을 통해 생각하고, 그 생각을 통해 성장한다. 이렇듯 학생들이 생각할 기회를 다양하게 제공하기 좋은 방법이 퀴즈 게임이다. 퀴즈 게임으로 놀다 보면 어느새 학생들 마음속에는 새롭게 질문이 생겨날 테고, 이런 질문은 앞으로 나아갈 방향을 알려주는 나침반이 되기도 한다. 질문에 대해 또다시 질문이 생겨나는 꼬리 잡기가 계속되면 학생들이 더욱 성장할 것이다.

책을 읽으며 핵심어 찾기[*]

    수업 중에 독서 토론을 하자고 하면 대부분의 학생이 입을 다문다. 뭔가 거창하고 논리적인 말로 상대방을 설득해야 할 것 같아서 자신감이 훅 떨어지고, 다른 사람이 말해주길 바라며 입을 닫는다. 책을 읽어도 내용을 파악하기 어려워하거나 책에서 말하는 주요 사건을 떠올리지 못하고 엉뚱한 이야기를 하는 경우가 있다. 아직 훈련이 덜 된 독자에게는 자연스러운 현상이다. 책을 읽을 때 핵심어 찾기를 연습하면 이야기의 흐름을 파악하고 주제를 요약할 수 있다.

    독서 중 활동으로 핵심어 찾기 활동은 학생들이 줄거리를 요약하는 데 도움이 된다. 나열된 단어만으로도 힌트를 얻어 짧은 문장으

---

[*] 8장 '핵심어 순위 맞추기 게임'(218쪽), '핵심어 토너먼트 게임'(220쪽) 참조

로 연결할 수 있기 때문이다. 이렇게 책을 읽으며 모아놓은 8개의
단어로 다양한 활동을 해볼 수 있다. 다양한 게임을 친구들과 함께
즐기다 보면 어느새 책 내용이 정리되고, 자연스럽게 작가와 대화
를 즐기는 자신을 발견하게 된다.

　다양한 독서 활동을 통하여 생각이 정리된 후 독서 토론 활동이
나 글쓰기 활동을 교사가 제시하면, 학생들은 자기 나름의 논리를
세워 진지한 태도로 활동에 참여한다.

포스트잇을 활용한 핵심어 찾기 활동 방법

1. 사건의 흐름에 따라 책 전체 내용을 4장으로 나눈 후, 장마다 포스트잇을 1장씩 나
누어준다.

2. 책을 읽으며 가장 좋아하는 단어나 마음에 크게 와 닿는 단어와 페이지를 포스트잇
에 옮겨 적는다. (장마다 8개 이상의 단어를 적는다.)

3. 독서가 끝난 후 핵심어 중 가장 마음에 드는 단어를 8개 고른다.

단어 수집가

( )학년 ( )반 ( )번   이름 (   )

1장

2장

최고의 단어

3장

4장

1 각 장에서 가장 좋아하는 단어나 기억에 남는 단어를 옮겨 적습니다.

2 가운데 최고의 단어 칸을 둘러싸는 빈칸에 8개의 단어를 골라 옮겨 적습니다.

소제목별 핵심 내용 정리하기

　독후 활동을 할 때 읽은 책의 내용을 제대로 기억하지 못하거나 헷갈리는 경우가 있다. 기억에만 의존하지 말고 책을 펼쳐 필요한 부분을 다시 읽어보게 할 수도 있지만, 다시 책을 읽느라 활동 시간이 지체되는 단점이 있다. 책을 읽는 동시에 이후의 활동에서 활용할 수 있는 나만의 힌트를 만드는 것이 이 활동의 요지라고 할 수 있다.

['13일의 단톡방' 도서를 활용한 활동 예시]

소제목명	중요한 내용·사건	핵심 쪽수
1. 기분 탓이야	친구들이 민서를 무시한다. 학교에 루킹이라는 해커가 있다.	15, 19쪽
2. 어느 날 갑자기	민서가 '예쁜 우정 영원히' 단톡방에서 무시를 당한다. 반 단톡방에서 민서가 친구들과 싸운다.	32쪽

　　　　　　　　　　　　　　　학교 도서관에서 온 작품 읽기

학생들과 함께 읽으려는 책의 형식에 맞추어 활동지를 마련한다. 학생들은 책을 읽으면서 소제목마다 중요한 내용이나 사건, 핵심이 되는 부분을 활동지에 적으며 읽는다. 중요한 내용 및 사건은 2~3개가 적당하며, 필요에 따라 핵심이 되는 인물이나 키워드를 적을 수 있다. 책을 읽고 난 후 독후 활동에서 내용을 참고하기 위한 활동인 만큼 너무 짧거나 간단히 적지 않도록 지도할 필요가 있다.

학생들의 활동지에서 중요한 내용·사건 부분만 이어보면 그 책의 전체적인 줄거리를 알 수 있다. 따로 줄거리를 적어 독후감을 쓰지 않아도 자연스럽게 줄거리를 작성할 수 있는 것이다. 학생들은 이 활동을 통해 책을 읽는 동시에 중요한 내용을 복기하고 책의 줄거리까지 정리하게 된다.

소제목별 핵심 내용 정리하기 (　　)학년 (　　)반 (　　)번　이름 (　　　　　)

● 책의 소제목마다 읽으며 느낀 중요한 내용이나 사건을 찾아보세요.
　그리고 그 내용을 찾을 수 있는 핵심 쪽수도 같이 적어보세요.

소제목명	중요한 내용·사건	핵심 쪽수

등장인물의 중요한 대사 찾아 정리하기

소설, 수필, 시나리오 등 문학 작품은 등장하는 인물들의 대화를 통해 이야기가 진행된다. 여러 인물 간의 대화 속에서 이후 일어날 사건에 대한 복선을 찾아볼 수 있고, 때로는 주인공의 혼잣말이나 마음속 이야기를 들여다보며 그 인물에게 감화되기도 한다. 이렇듯 대사는 작품 속에서 많은 정보를 담고 있다. 따라서 문학 작품에서 사건의 진행 혹은 주제와 연관 있는 중요한 대사를 찾아보며 작품을 바르게 이해하도록 돕는다.

학생들은 교사가 지정한 범위까지 자율적으로 독서를 진행한다. 한번에 읽는 양은 대체로 소제목 1~2개 정도 혹은 30쪽 전후가 좋다. 교사는 읽은 범위에 나온 대사 중에 어떤 것이 중요해 보이거나 흥미로웠는지, 그 이유는 무엇인지 발문한다. 학생들은 각자의 생각을 활동지에 작성한 뒤 발표하고, 교사는 다양한 의견을 끌어내

야 한다. 학생들은 다른 학생의 의견 중 한 가지를 골라 활동지에
더하여 계속 독서를 이어간다.

['13일의 단톡방' 도서를 활용한 활동 예시]

읽은 범위		120~149쪽 (10. 범인 없는 살인 사건~11. 복수의 끝)
내가 찾은 중요한 대사	대사	[루킹] 쫄지 마. 너를 왜 겁주겠어. 막으려는 거잖아. 지들도 겁난다는 거지.
	선택한 이유	민서와 루킹의 복수 성공에 가까워지는 대사라고 생각해 골랐습니다.
친구가 찾은 중요한 대사	대사	[경민] 증거 될 수 있지. 학폭위 열면 기록에도 다 남을걸.
	선택한 이유	민서가 외톨이가 아니라는 점이 마음에 들어 골랐습니다.

학생들은 독서를 마친 후 자신이 찾은 대사가 사건의 해결이나
주제와 밀접한 연관이 있었는지, 혹은 전혀 상관없는 이야기였는지
돌이켜볼 수 있다. 이를 통해 이야기의 흐름 속 중요 장면이나 복선
등을 발견할 수 있는 능력을 키울 수 있을 것이다. 또한 다른 학생
들의 발표를 들으며 이야기를 바라보는 다양한 관점을 이해할 수도
있다. 등장인물의 대사에 집중하여 읽으면 책 속의 인물과 직접 대
화하는 듯 느껴져서 독서의 즐거움을 느끼는 데도 도움이 된다.

등장인물의 중요한 대사 찾아 정리하기　(　)학년 (　)반 (　)번　이름 (　　　　)

- 각자 정해진 범위만큼 책을 읽고 그 속에서 중요하다고 생각한 대사와 그 이유를 활동지에 적어보세요.

읽은 범위		
내가 찾은 중요한 대사	대사	
	선택한 이유	
친구가 찾은 중요한 대사	대사	
	선택한 이유	

읽은 범위		
내가 찾은 중요한 대사	대사	
	선택한 이유	
친구가 찾은 중요한 대사	대사	
	선택한 이유	

어느 책에나 활용할 수 있는 독서 후 활동

감정 그래프로
입체적으로 등장인물 파악하기*

 독서 중 활동에서 제시된 '감정 카드 책갈피로 등장인물 감정 파악하며 읽기'의 후속 활동으로 감정 그래프 그리기 활동이 있다. 등장인물의 감정을 감정 카드를 활용하여 파악하고, 긍정적인 감정과 부정적인 감정으로 나누어 그래프를 그려서 감정의 연속성을 살핀다.

 책을 읽으며 책갈피처럼 끼워두었던 감정 카드를 다시 한번 확인한다. 그리고 표시한 쪽수와 감정 키워드, 등장인물의 감정을 판단한 이유를 간략하게 메모한다. 작성한 메모를 살펴보고 긍정적인 감정, 부정적인 감정으로 나누어 자신이 선택한 등장인물의 감정 그래프를 그려본다. 감정 그래프를 그린 후 친구들과 등장인물의

★ 7장 '감정 카드 책갈피로 등장인물 감정 파악하며 읽기'(180쪽) 참조

감정 그래프를 함께 살펴보며 등장인물 사이의 관계를 정확히 분석해본다.

이 활동을 통해 일상적인 상황뿐 아니라 책 속 장면을 통해서도 다양한 감정 표현을 살펴볼 수 있다. 그리고 등장인물의 성격뿐 아니라 감정까지 입체적으로 파악하게 된다. 학생들은 타인의 감정을 자신의 시각에서 분석하고 파악하는 과정에서 자신과 친구의 감정도 잘 살펴보고 공감하며 사회적 감수성을 기를 수 있다.

[등장인물 감정 그래프 예시]

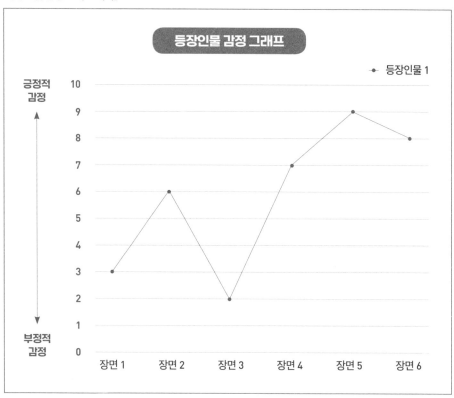

소제목별 핵심 내용 정리하기 　(　)학년 (　)반 (　)번　 이름 (　　　)

[　　　　]의 감정그래프

긍정적 감정

10 _____

9 _____

8 _____

7 _____

6 _____

5 _____

4 _____

3 _____

2 _____

1 _____

부정적 감정

0 _____

등장인물 소개 및 관계도 만들기

다양한 인물이 등장하는 문학 작품(소설 등)에 적용하면 좋은 활동이다.

책을 읽은 후 내용과 관련된 질문을 하다 보면 전반적인 줄거리는 기억하지만 등장인물의 이름이나 구체적인 특징은 잊어버리는 경우가 많다. 하지만 대부분의 초등학생용 문학 작품에서는 인물 위주로 내용이 진행되기 때문에 학생들에게 등장인물의 중요성을 일깨워줄 필요가 있다.

먼저 책에 등장하는 주요 인물들을 선정한다. 학생들마다 선정하는 인물이 제각각일 수 있으므로, 교사가 중재하여 어떤 인물을 소개할지 함께 정하는 것이 좋다. 소개할 특징을 선정할 필요가 있다. 이름, 나이, 성별, 성격, 특이한 점 등 책에서 찾아낼 수 있는 정보를 바탕으로 정해야 활동에 어려움이 없다. 선정을 마친 후에는 개별

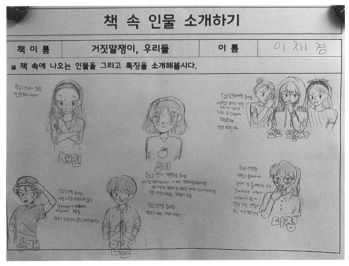

도서 《거짓말쟁이, 우리들》을 활용한 활동지 예시

활동 혹은 짝 활동으로 운영하면 좋다. 정보를 찾은 후에는 책의 몇 쪽에서 찾았는지 기재한다.

등장인물 소개 자료를 완성한 뒤에는 각 인물 간의 관계를 표현한다. 긍정적인 관계는 빨강, 부정적 사이는 파랑, 복잡하거나 애매한 사이는 노랑으로 화살표를 그어 관계도만 보더라도 누가 누구와 친한지, 어떤 인물이 사이가 안 좋은지 등을 알 수 있도록 한다. 화살표에 부가적인 설명을 달거나 모임에 속한 사람끼리 묶어두는 것도 좋다.

등장인물의 특징을 분석하고 인물 간 관계를 정리하면 책을 읽으며 놓칠 수 있는 인물 간의 심층적 관계를 파악할 수 있다. 나아가 작품 속 인물에 동화되어 새로운 관점으로 책의 내용 및 주제를 바라보게 된다.

비주얼 싱킹으로 요약하기

비주얼 싱킹(Visual Thinking)은 말 그대로 시각적으로 보이지 않는 생각과 정보를 눈에 보이는 형태인 글과 그림 등으로 사고하는 것이다. 비주얼 싱킹을 수업 시간에 적용할 때는 지식 정보를 간단한 글과 그림으로 요약하는 데 활용할 수 있다. 글을 길게 작성하여 내용을 요약하기보다는 단순한 그림을 활용하여 직관적으로 표현하는 것이기 때문에, 학생들은 비주얼 싱킹을 활용한 활동에 부담을 덜 느낀다. 그렇기에 교사들은 다양한 교과목에서 비주얼 싱킹을 활용하여 수업 후의 내용을 요약 및 정리하는 활동을 진행한다.

온 작품 읽기는 하나의 작품을 처음부터 끝까지 전체를 읽어가며 진행하기 때문에 여러 번에 걸쳐 독서를 해야 한다. 독서를 하는 중의 수업의 간격이 일주일 이상 될 때 학생들은 "선생님, 지난 시간에 읽었던 내용 다 잊어버렸어요!"라고 이야기를 자주 한다. 학생들에게 지난 시간까지 읽었던 책의 내용을 매번 요약하여 설명해주는 것보다 학생들이 스스로 책의 내용을 오래 기억하는 방법을 알려주는 것이 좋다. 책의 내용을 요약하여 정리하는 것이 기억하는 데 좋은 방법이다.

비주얼 싱킹을 적용한 책 내용 요약 활동은 간단하다. 학생들이 책을 읽으며 메모할 수 있게끔 빈 종이를 준비한다. 그리고 책을 읽으며 중요한 사건을 간단한 단어와 그림으로 적어둔다. 이때, 페이지 수를 함께 적으며 장면의 시간 흐름에 따라 정리하면 다시 살펴볼 때 더 효과적이다. 정리해둔 메모를 다음 시간에 책을 읽기 전에 살펴보면 학생들이 혼자서도 책의 내용을 다시 떠올릴 수 있다.

비주얼 싱킹을 활용한 요약하기 활동이 모두 끝난 후에 심화 활동으로 8컷 만화 그리기를 진행할 수 있다. 학생들이 자신이 요약해둔 메모를 다시 살펴보고, 그중 가장 중요하다고 여겨지는 8개의 장면을 선택한다. 그리고 장면의 순서에 따라 8컷 만화로 표현한다. 8컷 만화 그리기로 독서 후 활동을 마무리하면 학생들은 자신이 읽은 책의 내용을 한 장의 종이에 그려진 이미지로 이해하고 더 깊게 사고할 수 있다.

8컷 만화 그리기

( )학년 ( )반 ( )번 이름 ( )

❶	❷
❸	❹
❺	❻
❼	❽

등장인물과 소통하기

우리는 등장인물의 선택과 태도에 대해 때론 공감하기도 하고 원망하기도 하며 책을 읽는다. 응원했던 인물이 좋지 않은 결말로 끝나면 좋아하는 사람을 잃은 듯이 안타까워하기도 한다. 이렇게 책은 웹 소설이나 웹툰과는 달리 독자와 작가가 쌍방으로 소통할 수 없고 작가가 내린 결말을 일방적으로 받아들여야 한다는 특징이 있다. 등장인물과 함께 울고 웃으며 책장을 넘긴 아이들에게 생각과 감정을 표출하고 해소하는 활동을 한다면 그 아쉬움을 덜 수 있을 것이다.

편지 쓰기

다양한 갈등과 사건을 겪고 등장인물의 미묘한 심리를 따라 결말에 다다르게 되면 이런저런 느낌과 생각이 머릿속에 맴돈다. 그런데 독후감을 쓰자니 부담스럽고, 책을 다 읽었다는 성취감으로 넘기기엔 아쉽다. 이때 편지를 쓰면 독후감을 써야 하는 부담은 덜되 나만의 언어로 생각을 표현할 수 있다.

편지 쓰기는 학교에서 많이 이루어지는 독후 활동이므로 학생들에게도 익숙하다. 그래서 형식적으로 쓰는 경우가 많다. 마음에서 우러나서 편지를 쓰게 하려면 염두에 두어야 할 점이 있다.

첫째, 교사가 편지를 받는 대상을 정하지 않아야 한다. 학생들은 같은 내용을 읽더라도 제각기 다르게 이해하고 표현한다. 등장인물에 대한 평가와 감상도 학생마다 다를 것이다. 이런 상황에서 글을 쓸 대상을 정해놓으면 답이 정해진 것과 마찬가지다. 그러므로 다양한 생각을 자유롭게 담아내도록 학생이 편지를 받는 이를 정하게 한다.

둘째, 편지를 쓰는 화자를 자유롭게 정한다. 흔히 책 밖에 있는 '나'의 입장에서 서술한다고 생각하기 쉽지만, 편지를 쓰는 학생에 따라 다른 질문과 표현을 할 수 있다. 흔히 책을 읽을 때 사건 밖에서 전지적 작가 시점으로 책을 읽는데, 전지적 작가 시점에서는 등장인물의 심리와 행동을 모두 파악할 수 있다. 모든 등장인물의 마음을 들여다볼 수 있으니 내가 등장인물이었다면 어떻게 했을지 생각해볼 수 있다. 편지를 쓰는 화자는 전지적 작가 시점인 나일 수도, 책에 나온 등장인물일 수도 있으며, 편지를 받는 대상 또한 학생들이 자유롭게 설정할 수 있게 한다.

편지를 다 쓴 후에는 등장인물마다 우체통을 마련해 편지를 전달한다. 원하는 우체통에서 편지를 꺼내 읽어보고 각자 받은 무작위

의 편지에 공감하는 점, 공감하지 않는 점, 재미있는 점, 덧붙여서
말하고 싶은 것을 간단하게 적는다. 친구들이 적은 편지 밑에 간단
하게 답을 달면, 학생들끼리 감상을 공유할 수 있다.

편지 쓰기의 여러 가지 방법

- '나'가 등장인물에게 편지 쓰기

- 등장인물이 되어 다른 등장인물에게 편지 쓰기

- 작가에게 편지 쓰기

- 책의 내용과 관련된 인물에게 편지 쓰기

- 책 속 동식물, 자연에 편지 쓰기

편지 쓰기 활동지(1)

( )학년 ( )반 ( )번 이름 ( )

---

1 편지를 쓰는 이는 누구인가요?

2 편지를 받는 이는 누구인가요?

3 등장인물에게 편지를 써봅시다.

_____ 에게

. . . .

. . . .

. . . .

. . . .

. . . .

. . . .

. . . .

. . . .

. . . .

. . . .

. . . .

20 년 월 일

_____ 가

편지 쓰기 활동지(2)

( )학년 ( )반 ( )번   이름 (   )

---

1   등장인물과 대화하듯이 질문하며 편지를 써봅시다.

등장인물 인터뷰하기

인터뷰는 기자가 특정 인물을 대상으로 여러 가지 질문을 던지고 답변을 들으며 생각을 나누는 활동이다. 독서 활동에서는 책의 작가나 인물을 직접 만났다고 가정하여 서로 질문하고 답하고 기록해서 한 편의 기사를 작성하는 것을 목표로 한다.

등장인물에게 편지를 쓴 후의 활동으로 구상하여, 학생이 각자 정한 편지 쓰기의 화자를 자신의 역할로 부여하고 친구들 앞에서 편지를 발표한다. 어떤 학생은 받은 편지에 대해 반박하거나 덧붙여 표현하고 싶은 말이 있을 것이다. 이를 인터뷰로 승화하여 학생들끼리 소통하고 공감하며 내용을 더 깊이 이해하고 책의 주제에 대해 진솔하게 생각해본다.

인터뷰 전에는 인터뷰를 위한 질문지를 먼저 작성해야 한다. 질문을 만들기 위해서는 책 속 등장인물의 성격과 특징을 깊이 이해하고 일어난 사건을 정확히 파악한다. 질문 만들기는 다소 어려울 수 있는데, 독서 중 인물의 대사나 태도에서 궁금한 점이나 공감되거나 공감되지 않는 부분을 메모해놓고 참고하면 좋다. 질문 만들기를 어려워하는 학생들에게는 인물이 왜 그렇게 행동했는지, 어떤 심리였는지에 초점을 맞추어 질문을 만들도록 지도하고, 만약 '나'라면 어떻게 했을지 상상해보도록 한다.

우선 인터뷰 당사자와 기자, 기록자를 정한다. 그리고 칠판 앞에 의자를 가져다 놓고 인터뷰 대상자인 주인공을 앉힌다. 즉흥적인 반응을 이끌어내는 인터뷰이므로 인터뷰 대상자가 당황하거나 낯을 가릴 수도 있다. 이때 한 모둠 전체를 인터뷰 대상자로 선정하여 서로 도움을 주고받으며 답변할 수 있도록 한다. 그 후, 주인공에게 궁금했던 점을 질문하고 그에 대한 답변을 주고받는다. 질문하고 답변하는 과정이 반복될 수 있도록 교사는 중간에 질문과 답변을 정리해주고 적절하게 피드백한다. 한편, 교사는 질문과 답변이 반복되는 과정에서 자신 있게 생각을 표현하고 다른 사람의 의견을 경청하는 태도를 평가한다. 모두가 참여해 공평하게 발표할 수 있도록 분위기를 형성하는 것이 관건이다.

등장인물 인터뷰하기 방법

1. 기자, 인터뷰 대상자, 기록자 정하기

2. 칠판 앞 의자에 인터뷰 대상자인 주인공을 섭외하여 앉힌다.
   (이때, 인터뷰 진행이 처음이라면 인터뷰 대상자를 한 모둠 전체로 설정하여 서로 도움을 주고받으며 답변할 수 있도록 한다.)

3. 주인공에게 궁금했던 질문과 답변을 주고받는다.
   (공평한 발언 기회를 주고 질문-대답 과정을 거치려면 내용을 정리하면서 적절한 피드백을 해주는 교사의 역할이 중요하다.)

4. 인터뷰 태도를 상호 평가한다.

학교 도서관에서 온 작품 읽기

등장인물 인터뷰하기 활동지 (   )학년 (   )반 (   )번   이름 (   )

1 질문하고 싶은 인물은 누구인가요?

2 어떤 질문을 하고 싶나요?
   – 왜 그렇게 말하고 행동했는지, 나였으면 어땠을지 상상하여 질문을 만들어봅시다.

- 질문 1

- 질문 2

- 질문 3

- 질문 4

- 질문 5

인터뷰 질문 예시(13일의 단톡방)

1 질문하고 싶은 인물 : 민서

2 질문

- 단톡방에서 무시당했을 때 어떤 기분이 들었나요?
- 단톡방에서 반 아이들이 왜 민서에게 화가 나 있었나요?
- 친구들과 관계를 회복하기 위한 나만의 사과 방법이 있나요?
- 사과할 때 가장 중요한 것이 무엇이라고 생각하나요?
- 사과하고 나서 아이들과 사이가 좋아졌나요?
- 소문은 왜 만들어지는 걸까요?
- 왜 선생님께 솔직하게 마음을 털어놓지 않았나요?
- 은따를 어떻게 이겨낼 수 있었나요?
- 루킹의 능력을 가지고 있다면 어떻게 사용했을까요?

핵심어 순위 맞추기 게임[*]

　자신이 모은 핵심어로 나만의 보드게임 카드 만들기를 할 수 있다. 카드는 색종이를 활용해서 만들어도 되는데, 팝콘 게임에서 제공하는 공 카드를 활용할 수도 있다. 공 카드는 실제 보드게임에 사용하는 카드이기 때문에 공 카드에 자신만의 핵심어를 적어보는 것만으로도 보드게임을 제작하는 것처럼 느낄 수 있다. 학생들에게 공 카드 8장을 나누어준 후 8개의 단어를 그림과 글씨로 표현하게 한다.

　8장의 카드를 모두 완성했다면 카드 상단에 머리글자나 별명을 써서 자신의 카드임을 표시한다.

---

[*]　7장 '책을 읽으며 핵심어 찾기'(191쪽) 참조

팝콘에듀 공카드

카드가 모두 준비되었다면 교사가 먼저 시범을 보인다. 예를 들면 책에서 핵심 단어를 뽑아 8개를 쓴 후, 학생들이 순서를 맞출 수 있도록 한다. 학생들이 번호를 매기고 교사가 자신이 좋아하는 단어를 번호순으로 공개한 후 번호를 정확히 맞힌 개수를 파악한다. 가장 많이 맞힌 학생이 게임의 승자가 된다.

이런 방법으로 짝꿍과 번갈아서 자신이 가장 좋아하는 단어의 순서를 포스트잇에 적은 후 서로 맞힐 수 있도록 게임을 진행한다. 이 게임을 통해 어색했던 짝꿍끼리는 서로의 마음을 엿보며 친해지는 기회가 되고, 친한 친구끼리는 더욱더 잘 이해할 수 있는 계기가 될 것이다.

핵심어 토너먼트 게임[*]

카드 2장 중 하나를 선택하고 토너먼트로 연속하여 선택하는 형식의 게임은 핵심어 중 무엇을 더 선호하는지 알 수 없을 때 하면 좋다. 짝꿍의 카드 8장과 자신의 카드 8장을 합쳐서 핵심어 토너먼트 게임을 번갈아 진행한다. 16개의 단어 중 중복되는 단어가 있으면 빼고 게임을 진행한다. 짝수일 경우에는 그대로 게임을 진행하고, 홀수라면 왼쪽과 오른쪽을 번갈아 부전승시킨다.

두 개의 카드 중 하나를 골라야 할 때 자신이 선호하는 단어를 고르며 자신이 좋아하는 가치가 무엇인지 생각해볼 수 있고, 스스로 내면의 대화를 하는 과정이 되기도 한다.

---

[*] 7장 '책을 읽으며 핵심어 찾기'(191쪽) 참조

핵심어를 넣은 글쓰기 활동[*]

핵심어로 3줄 짧은 글짓기

핵심어 토너먼트 게임에서 가장 마지막까지 살아남은 핵심어로 짧은 글짓기 활동을 해볼 수 있다. 책 내용과 연결해도 좋고, 자기 자신에 관한 이야기여도 좋다. 글쓰기 활동을 어렵게만 생각하는데, 3줄이내의 짧은 글짓기 활동은 부담 없이 시도해볼 수 있는 활동이다.

> **내가 고른 핵심어 (   )**
> **핵심어를 넣어서 3줄 짧은 글짓기를 해보세요.**

---

[*] 8장 '핵심어 토너먼트 게임'(220쪽) 참조

핵심어로 N행시 짓기

핵심어 토너먼트 게임에서 가장 마지막까지 살아남은 핵심어로 N행시 짓기 활동을 하는 것도 좋다. 앞글자가 들어간 단어를 떠올려서 시를 짓는 것이 어려울 수 있지만, 교사가 다양한 시범을 보여주거나 브레인스토밍 활동으로 다양한 단어를 생각해보게 하면 도움이 된다.

책 내용과 연결하여도 좋고, 상상한 이야기여도 좋다. N행시 짓기를 마친 뒤에는 시와 관련된 그림을 그리며 시화 그리기 활동을 해도 좋다.

여	여행은 우리 가족의 가장 큰 즐거움
행	행복한 우리 가족

핵심어로 N행시 짓기

( )학년 ( )반 ( )번 이름 ( )

1 내가 고른 핵심어를 세로로 한 글자씩 쓰세요.

2 글자를 보고 떠오르는 단어로 시를 지어보세요.

3 시와 관련된 그림도 그려보세요.

책 내용 바꾸어 쓰기

　문학 작품을 읽다 보면 주인공의 행동이 이해되지 않거나 답답하게 느껴진 경험이 있을 것이다. 혹은 '내가 작가라면 이렇게 이야기를 풀어갈 텐데' 싶을 때도 있다.

　먼저 책 내용 중에 바꾸고 싶은 장면을 선택한다. 책 속 한 장면이나 대사, 행동을 선택할 수도 있고, 아예 결말을 송두리째 바꿔도 좋다. 선택한 장면을 활동지에 적고 이유를 쓴다. 내용을 바꾸는 이유를 들여다보면 학생이 책의 내용을 어떻게 바라보고 있는지 알 수 있기 때문에 최대한 자세히 적게 한다. 그 장면이 마음에 들지 않는 이유, 바꿨을 때 어떤 전개로 흘러갈지에 대한 간단한 설명도 담으면 좋다. 그리고 내용을 바꾸어 작성하는데, 바뀐 내용에 대한 설명보다는 작가가 되어 새롭게 그 부분을 채워 넣도록 지도한다.

['13일의 단톡방' 도서를 활용한 활동 예시]

책에서 바꾸고 싶은 부분은 어디인가요?	142~144쪽 다른 학생들이 민서를 공격할 때 경민이가 도와주는 부분
그 이유는 무엇인가요?	아무도 편들어주지 않는 민서를 경민이가 도와주었는데 민서가 아무런 말도 하지 않은 것이 이상했다.
작가가 되어 책 내용을 바꾸어보세요.	"경민아, 도와줘서 고마워. 나 때문에 힘들어질 수도 있는데, 네 덕분에 힘이 됐어. 끝까지 용기를 잃지 않을게."
뒷이야기는 어떻게 바뀔까요?	민서와 경민이가 단짝이 되어 즐거운 학교생활을 보낸다.

학생들은 책 내용을 바꾸며 내가 주인공이었다면 어떻게 행동했을지, 혹은 다른 환경에서는 책 속 인물이 어떻게 대응할지 고민한다. 이를 통해 작품을 더 잘 이해하고 독서의 즐거움을 깨달을 수 있다.

책의 주제를 담은
나만의 동시 짓기

온 작품 읽기를 모두 마친 후에는 다양한 독서 후 활동을 진행할 수 있다. 책의 주제를 담은 나만의 동시 짓기는 학생들이 자신만의 창작물을 만들어내는 활동이다. 국어 수업 시간에 읽어본 것 말고는 동시를 읽어본 적이 없는 학생들이 많다. 그렇기에 동시 짓기 수업은 학생들에게 부담스럽게 느껴질 것이다. 교사와 학생이 모두 즐겁게 동시를 지어보는 방법을 소개한다.

첫째, 동시 짓기를 처음 해보는 학생들을 위한 패러디 동시 짓기다. 우선, 교사가 함께 읽은 책의 주제와 비슷한 주제를 담고 있는 동시를 2편 선정한다. 그리고 2편의 동시를 학생들과 낭송한 후, 학생들에게 그 일부만 바꾸어 쓰는 패러디 시 쓰기를 안내한다. 학생들은 자신이 참고할 수 있는 동시의 틀이 있는 만큼 몇 개의 낱말을 바꾸어 자신만의 동시를 지어볼 수 있다. 학생들은 패러디 시를 통해서 다양한 감각적인 표현과 비유법을 자연스럽게 익히면서 동시 짓는 재미를 느낄 수 있다.

둘째, 시화 그리기와 함께하는 동시 짓기다. 동시만 쓰는 것이 아니라 주제를 잘 살릴 수 있는 그림도 함께 그리며 동시를 창작하는 것임을 설명한다. 학생들이 동시를 쓰기 위해 이미지를 먼저 떠올릴 수 있도록 돕는다. 그리고 학생들에게 동시 짓는 방법을 알려준다. 단, 직유법, 은유법, 의인법 등과 같은 다양한 비유법의 정의나 예시를 설명하는 것이 아니다. 다양한 비유법을 안내한 후 동시 짓기를 진행하면 창작하기보다는 비유법을 활용하기 위한 글쓰기를 하기 때문이다. 학생들에게 동시를 쓸 때 두 가지를 지키게 한다. 연과 행을 구분하는 것과 여러 가지 감각적인 표현을 다양하게 활용하는 것이다. 멋들어진 시를 짓기보다는 함께 읽은 책의 주제를 잘 표현하는 것이 중요하기 때문이다. 학생들이 색연필 또는 사인펜 등을 이용해 시화를 그리며 동시를 창작할 수 있도록 한다. 시화와 함께한 동시 짓기가 끝난 후 학급 게시판에 전시하여 여러 친구의 동시를 함께 감상하는 시간을 갖는 것도 좋다.

현직 초등학교 사서교사 4인이 꼼꼼하게 구성한

학교 도서관에서 온 작품 읽기

초판 1쇄 인쇄　　2022년 5월 16일
초판 1쇄 발행　　2022년 5월 20일

지은이　　송은영, 박동연, 김주연, 유지수

펴낸이　　천정한
책임편집　　한홍
북디자인　　유솜이
펴낸곳　　도서출판 정한책방
출판등록　　2019년 4월 10일, 제2019-000036호
주소　　(서울본사) 서울 은평구 은평로3길 34-2
　　　　　　(충북지사) 충북 괴산군 청천면 청천10길 4
전화　　070-7724-4005
팩스　　02-6971-8784
블로그　　http://blog.naver.com/junghanbooks
이메일　　junghanbooks@naver.com
ISBN　　979-11-87685-65-4 (03370)